런던, 나의 마케팅 성지순례기

고즈윈은 좋은책을 읽는 독자를 섬깁니다.
당신을 닮은 좋은책—고즈윈

런던, 나의 마케팅 성지순례기
권민 지음

1판 1쇄 발행 | 2008. 7. 15.
1판 3쇄 발행 | 2012. 9. 20.

저작권자 ⓒ 2008 권민
이 책의 저작권자는 위와 같습니다. 저작권자의 동의 없이
내용의 일부를 인용하거나 발췌하는 것을 금합니다.
Copyrights ⓒ 2008 Gwon Min
All rights reserved including the rights of reproduction
in whole or in part in any form. Printed in KOREA.

발행처 | 고즈윈
발행인 | 고세규
신고번호 | 제313-2004-00095호
신고일자 | 2004. 4. 21.
(121-819) 서울특별시 마포구 동교로 13길 34(서교동474-13)
전화 02)325-5676 팩시밀리 02)333-5980

값은 표지에 있습니다.
ISBN 978-89-92975-11-7

고즈윈은 항상 책을 읽는 독자의 기쁨을 생각합니다.
고즈윈은 좋은책이 독자에게 행복을 전한다고 믿습니다.

전략적 여행자의 창조와 발견의 여행

런던, 나의 마케팅 성지순례기

권민 지음

Unitas 고즈윈

런던만큼 전체가 화려한 컬러로 뒤덮인 도시는 없을 것이다.
하지만 런던만큼 흑백이 잘 어울리는 도시도 없다.
그건 아마도 런던 여행이 기억되지 않고 추억되기 때문일 것이다.

런던의 골목은 과거로 통하고 있다.

그리고 런던의 그 많은 길들은 미래로 연결되어 있다.

런던의 간판에는 다른 도시에서 볼 수 없는 독특한 스타일이 있다.
내게 런던의 간판은 보물섬으로 가는 길을 안내하는 푯말과도 같다.

> 런던,
> 나의 마케팅
> 성지순례기
>
> 서문

　　그동안 런던에 다녀온 건 마흔여섯 번. 길어도 5년 안에 런던 방문 백 번을 훌쩍 넘길 듯하다. 물론 나는 여행전문가가 아니다. 런던으로 이민 가려는 사람도 아니다. 그런 내가 이토록 런던에 자주 드나드는 건 패션 브랜드 론칭과 리뉴얼 때문이다.

　　EXR, J.ESTINA, 마코스, 엘록, 안트벨트, 쿨하스, 듀퐁 셔츠, 캐너비, 드레스투 킬, 월튼 론칭과 푸마, 컨버스, Thursday Island, 올젠, 아이브로서, 코오롱 스포츠, 아이겐 포스트, 코너스, 기비, 잭 니클라우스, 브이네스 에비뉴 리뉴얼을 비롯한 수많은 브랜드들의 마케팅 프로젝트를 위해 런던을 방문했다. 이 책은 그동안 나와 함께했던 브랜드들의 또 다른 창조 과정이자 탄생의 후속 기록이다. 이 책에는 이들 브랜드의 기획과 마케팅을 위해 런던 곳곳을 누볐던 그동안의 경험과 기억이 비밀일지처럼 녹아 있다.

나는 그동안의 내 여행을 전략적 관점에서 바라보려 했다. 그러하기에 일단 이 책은 마케터를 위한 것이다. 전문 마케터는 이 책에 담겨 있는 창조적 여행법을 통해 트렌드를 캐치하고 브랜드를 론칭하는 데 도움을 받을 수 있을 것이다. 그렇지만 이 책은 궁극적으로 마케터만을 위한 책이 아니다. 그 이유는 이 책이 그동안 가까이 있지만 보이지 않았던 것, 자신 안에 있지만 발견하지 못했던 것들을 확인하고자 하는 모든 여행자를 위한 것이기 때문이다. 마케팅은 보이지 않는 것을 보이게 하고, 보이는 것을 보이지 않게 하는 것이다. 보이지 않는 욕구를 보이는 상품으로 만들고, 보이는 상품을 보이지 않는 가치로 만드는 일이 마케팅인 것이다. 보이지 않는 것을 찾는 모든 여행자에게 이 책에 담겨 있는 마케터의 전략적인 시선은 여행의 새로운 관점을 제시해 줄 것이다. 또 보이지 않던 그 무언가를 찾았을 때 그것을 어떻게 삶으로 가져올 것인가 하는 문제에도 이 책은 시사점을 줄 것이다.

이 책의 콘셉트를 '보물섬을 찾아 떠나는 여행'으로 잡았다. 의사가 일기를 쓰면 병원 일지, 군인이 일기를 쓰면 복무 일지, 마케터가 일기를 쓰면 시장동향서가 된다. 마케터의 여행은 시장조사 성격을 띠고, 게다가 잡지 편집장을 겸하고 있는 지금 나의 여행은 취재라고도 할 수 있다. 보물로 가득한 이 도시에서 다채롭게 빛나는 온갖 보화를 챙겨 들고 돌아오는 모습을 즐겁게 상상하며, 보다 감성적이고 유쾌하게 접근하고 싶었지만, 쓰는 사람의 고질적인 습관 내지 직업병에 의해 결국 '마케팅-취재 일지'가 되어 버린 느낌이 있다. 그런 여행 기록을 두고 '성지순례기'라고 한 것은, 런던이란 도시가 이제는 그만 무덤덤하게 바라볼 수 있어도 좋을 만큼 수없이 되풀이해 다녀온 공간임에도 불구하고, 여전히 나를 향해 내면 깊은 곳의 마케팅 본능을 자극하는 메시지를 던지기 때문이다. 이 도시를 바라보는 내면의 두근거림이 여전히 잦아들지 않기 때문이다. 그것은 내가 마케터이기 때문이고, 그 파동으로 인해 내가 마케터로서 살아 있음을 확인하기 때문이다.

여행도 결국엔 자신과 자신의 일을 위한 것이다. 나는 마케터로서 기도하는 마음으로, 겸손한 마음으로, 경건한 마음으로, 배우는 마음으로 연습된 여행, 창조하는 여행을 꿈꾼다. 여행에서도 우리는 함께 성공해야 한다. 여행을 떠날 때면 대개 우연과 행운을 기대하지만, 보다 전략적으로 접근할 필요가 있다. 여행자에게는 낭만으로 보이는 것들도 현지인에게는 모두 당면한 현실이듯이, 우리는 현실에 발을 디디고 있다. 낭만 속에만 존재하는 것이 아니다. 여행도 현실의 삶을 위해 새로운 삶, 낯선 풍경을 훔쳐보는 것이다. 그저 꿈을 꾸는 것이 아니며 허공 속에 모든 것을 날려 버리기 위한 것은 더더욱 아니다.

여행의 성공을 결정하는 것은 떠남이 아니라 돌아옴이다. 많은 이들이 20분 동안의 결혼식은 심혈을 기울여 준비하면서도 50년 결혼생활은 거의 생각도 안 하고 결혼에 임하는 것처럼, 대부분의 여행자도 떠나 있을 때만 생각하고 돌아와서 어떻게 할 것인지는 거의 생각하지 않는다. 여기까지 읽고 나서 '이 책이 런던 시장조사서일까, 아니면 런던 여행서일까' 하는 궁금증을 갖는 분도 있을 것이다. 굳이 정의하자면 '강력한 브랜드 론칭을 위해 떠나는 런던 시장조사 여행 전략서'쯤 되겠지만, 그런 복잡한 문제는 잠시 접어 두고 편안한 마음으로 보다 생산적이고 관점이 있는 여행의 기술을 다룬 책, 발견과 수집을 위한 여행서 정도로 읽어 주길 바란다. 독자에게 여행을 떠나 있을 때보다 여행에서 돌아왔을 때 더 유용한 여행서로 기억될 수 있기를 바란다.

내게 책이란 나 혼자만의 창작품이 아니다. 헤밍웨이의 여행 소설에서 전해 받은 영감에서부터 출판사 대표의 배려까지 수백 명의 도움으로 이 책은 만들어졌다. 나는 그들의 생각을 받아 적어서 엮은 것뿐이다. 지금까지 내 인생 여행의 반려자로 묵묵히 가정이라는 배낭을 혼자 지고 따라오고 있는 아내에게 감사를 전한다. 마지막 여행까지 함께할 나의 주님께 감사의 마음을 올린다.

2008. 7.
권민

우리는 여행을 통해 자신을 본다.
세상과 마주 서는 법을 배우는 자신을.
지극히 작은 두려움을 떨쳐 버리기 위해 눈을 부릅뜨는 자신을.
그렇게 세상과 마주 서서 부릅뜬 눈으로 바라본 세상의 풍경을.
자기만의 가슴에 담아내려는 자신을.

-체 게바라-

CONTENTS

22 서문

30 1. 아직 여행지를 결정하지 않았다면
런던으로 여행지를 정했다면

44 2. 성지순례와 시장조사, 그리고 관광
배낭여행자가 보는 최악의 지도 | 관광객 금지구역
순례자가 된 마케터 | 여행의 마일리지, 인생의 마일리지

64 3. 런던으로 떠나기 전날 밤
보물섬 런던의 및 | 신대륙을 향하여

88 4. 거룩한 여행, 시장조사
시장조사 여행자를 위한 10계명
낙오자들 | 시장조사는 어렵다

108 5. 도시의 여신의 자궁, 런던 속으로
런던의 첫인상 | 런던의 낡은(old) 것과 날(raw)것
런던 코드 | 런던 컬러 | 런던의 예술 | 런던 사냥

6. 코스별로 떠나는 성지순례 · 161

(1) 작품과 상품이 공존하는 런던의 박물관 · 165
전시장 먼저 보기, 전시장 나중에 보기
빅토리아 앤 알버트 박물관 V&A Victoria and Albert Museum
교통박물관 London transport museum
대영박물관 British Museum
디자인 박물관 Design Museum

(2) 런던 예술의 영혼들이 기거하는 갤러리 · 196
테이트 모던 아트 갤러리 Tate Modern Art Gallery
소더비 Sotheby's

(3) 성배가 있는 백화점 · 206
백화점의 밀물과 썰물
리버티 백화점 Liberty

CONTENTS

해러즈 백화점 Harrods
셀프리지 백화점 Selfridges
포트넘 앤 메이슨 Fortnum and Mason

230 (4) 영국의 4차원 세계, 시장
포토벨로 시장 Portobello Road Market
브릭 레인 시장 Brick Lane Market
캠든 락 Camden Lock

253 (5) 거울을 통해 영국 사람의 얼굴을 보다. 영국 브랜드
막스 앤 스펜서 Marks and Spencer
탑숍 Top Shop
테드 베이커 Ted Baker
비욘드 레트로 Beyond Retro
레온 Leon

276 (6) 길거리에 널려 있는 보물들, 런던의 거리
옥스포드 스트리트 Oxford St.
본드 스트리트 Bond St.
리젠트 스트리트 Regent St.

캐너비 스트리트 Carnaby St.
코벤트 가든 Covent Garden
마릴본 하이 스트리트 Marylebone Hight St.
세인트 크리스토퍼 St. Christopher's

(7) 런던의 좌뇌, 서점 307
돈트북스 Daunt Books
스탠포드 Stanfords
빈티지 매거진 숍 Vintage Magazine Shop
세실 코트 cecil coat
마그마 Magma

7. 순례자의 고향 338
북극 여행 | 순례자의 귀향
편도 티켓과 왕복 티켓의 차이 | 여행 후기

부록 358
나의 첫 번째 마케팅 성지순례 동행기

아직 여행지를 결정하지 않았다면

1

신혼여행을 어디로 가면 좋겠느냐고 물어보는 예비부부에게 이렇게 말한다.
"방해받지 않는 두 사람만의 달콤한 시간을 원한다면 발리, 인생의 추억과 배움을 위해서라면 런던."

사표 내고 생각을 정리하기 위해서 배낭여행을 다녀오겠다는 후배가 어디로 가면 좋겠느냐고 물어보면 이렇게 말한다.
"인생을 정리(?)하고 싶으면 뉴델리, 인생을 새롭게 설계하고 싶다면 런던."

정리해고, 명예퇴직을 당한 사람이 머리를 식히기 위해서 어디로 가면 좋겠느냐고 물어보면 이렇게 말한다.
"강제 휴업으로 인한 정신적 휴식이 필요하면 뉴질랜드, 새로운 삶을 위해 창업을 구상하고 싶다면 런던."

브랜드를 론칭하기 위해서 어느 나라에 가는 것이 좋겠느냐고 클라이언트가 물어보면 이렇게 말한다.

"500억 매출을 원한다면 하라주쿠, 1,000억 매출 브랜드를 원하면 런던."

첫 번째 해외여행이라면 런던, 창업을 위한 사업 아이디어를 얻기 위한 첫 번째 여행지를 고르라면 런던, 배낭여행의 경험을 통해 나중에 회사에 들어가서 자신이 본 것으로 회사 생활에 도움을 받으려면 단연 런던 여행이다. 또한 세계 일주를 하면서 견문을 넓히고 싶은데 일주일밖에 시간이 없다면 런던이다.

런던으로 여행지를 정했다면

런던으로 결정했다는 것은 새로운 '라이프(Life)'를 얻은 것이다. 여기서 Life는 생명, 삶의 의미가 아니라 Learning Innovation For Evolution의 약자다. 진화를 위해 혁신을 배우는 것. 무언가를 배워서 능숙하고 탁월해지기 위해서는 연습이 필요하다. 연습을 통해 우리는 성과를 만들어낼 기술을 터득한다. 그것을 노하우 또는 비법이라 한다. 협상의 기술, 설득의 기술, 대화의 기술이 성공적인 삶을 위해 필요하듯이 최고의 여행을 위해서도 연습과 기술이 필요하다. 대개 기술은 반복해서 학습할 수 있고, 시행착오를 거치면서 기술력이 향상된다. 그러나 결혼생활의 기술을 향상시키기 위해 결혼과 이혼을 반복할 수 없듯이 한 번 떠난 여행의 시간은 반복해서 얻어지지 않는다. 같은 곳을 다시 찾을 수야 있지만 그때의 내가 아니고 그때의 그곳이 아니다. 그만큼 철저하게 익혀야 하는 것이 결혼생활의 기술이고 여행의 기술이지만, 감성적이고 감각적으로 터득해야 하기에 더 어려운 것이기도 하다.

쇼핑, 맛집, 좋은 사진을 얻기 위한 관광을 염두에 두고 여행을 꿈꾸고 있다면 이 책은 과하게 느껴질지도 모른다. 하지만 여행이 일종의 수업이라고 생각한다면 이 책은 당신에게 새로운 길을 안내해 줄 것이다. 여행을 통해 무언가를 창조하고 싶은 이들에게 색다른 발견의 기술을 전해 줄 것이다.

런던에서 살고 있는 사람들의 블로그를 보면, 미국 비자 문제 때문에 런던을 택해서 어학연수 하는 사람, 여행 갔다가 눌러앉은 사람, 패션과 디자인을 배우기 위해 머무는 사람들의 이야기가 눈에 띈다. 살인적 물가(우리나라에서 500원 하는 콜라가 런던에서는 3,000원)를 견딜 수 있는 부자거나 아니면 아주 특별한 목적을 가진 사람이 아니라면 런던은 살 곳이 못 된다. 그런데도 런던을 선택한 그들을 여전히 이해하지 못함에도 불구하고, OECD와 유럽연합, 아니 세계에서 가장 물가가 비싼 런던을 인생의 첫 번째 여행지로 결정한 것은 여행을 통해 고등(高等) 지식을 배우기 위함이다.

그 고등 지식은 교통, 음식, 숙소에 대한 것도 아니다. 절약하면서 볼 것 다 보는 여행의 특별한 생존 기술에 대한 것이 아니다. 그렇다고 나는 이 책에서 런던의 역사를 크게 다루지도 않을 것이다. 혹 역사를 다룬다면 런던이라는 도시가 어떻게 진화되어 왔고 어떻게 진화되어 가고 있는지를 말할 뿐이다. 그 진화 과정을 통해 나와 브랜드, 나와 비즈니스, 나와 미래에

적응할 수 있는 것이 무엇인가를 말할 것이다.

런던은 세계의 수도라 할 만큼 많은 인종과 문화가 결집되어 있다. 막연하게 런던을 이층버스와 신사의 나라라고만 떠올리면 그것은 1970년대 이야기다. 런던은 세계의 모든 수도가 벤치마킹하는 곳이며, 지금도 역사와 문화, 첨단기술이 융합하면서 진화와 진보를 거듭하는 도시다. 두바이처럼 사막에 빌딩을 세워 판타지를 만드는 것이 아니라, 수백 년 동안 이어져 온 자신의 과거를 토대로 끊임없이 새로운 변화를 주도하고 있는 도시다. 셰익스피어가 걸었던 좁은 거리를 걸으며, 2차세계대전의 잔재가 남아 있는 지하철을 타면서, 처칠이 공습이 끝난 저녁에 산책했던 뒷길을 따라 걸으며 시간과 공간의 의미가 무엇인지 느끼게 하는 공간이다.

여행을 통해 남는 것이 고작 사진과 추억뿐일까. 그렇지 않다. 어떻게 보느냐에 따라 깨달음과 지혜가 남는다. 런던 여행에 앞서 가 봐야 할 곳들을 체크하기 전에 여행에서 더 많은 것을 남기는 기술을 익혔으면 한다. 더 많이 고민할수록 더 많이 남고, 더 많이 생각할수록 더 많이 볼 수 있다.

그런데 뭘 봤지?
나는 그 물음에 대답하지 않았다.
그런 질문에는 대답하지 않으리라 마음먹고 있었기 때문이다.
중요한 것은 '내'가 본 것이 무엇이냐는 것이다.
나는 보통 여행자들이 보는 것을 보고 싶지는 않다.
여행 지도에 나와 있는 것들에는 전혀 관심이 없다.
누구든 한 도시를 그런 식으로는 알 수 없다.
-체 게바라-

순례자의 발견 1

런던의
환영

순례자의 발견

아주 간혹 사진에 찍혀줄 테니 돈을 달라는 사람이 있다. 그런 사람들 중에는 주변에 '전문적인 선수들(?)'이 있어 한 팀을 이루고 있는 경우도 있다. 프랑스, 이탈리아, 런던에서 모두 눈 깜짝할 사이에 가방을 도난당한 경험이 있기 때문에 이런 사람들이나 외국인이 다가오면 몸이 움츠러든다. 하지만 뜻하지 않게 환대와 활짝 웃는 얼굴로 런던의 엽서를 만들어 주는 좋은 조연들도 있다. 외국 사람이 사진을 찍어 준다면 보여줄 포즈 하나 정도는 개발해 두면 좋을 듯.

런던의 환영

순례자의 발견 2

낯선 런던 풍경

히드로 공항에서 런던 도심까지 들어가는 택시 비용은 대략 11~13만 원 정도. 두둑한 여행비를 가지고 있더라도 10만 원 이상 가는 택시 요금은 아깝다. 그래서 대부분 지하철을 타고 런던으로 들어간다.

처음 런던을 방문한 사람이라면 지하철에서 받는 첫 느낌 때문에 당황스러울 수 있다. 세계에서 가장 오래된 이 지하철은 낡고 지저분한 채로 방치된 느낌이다. 여름에도 에어컨이 나오지 않기 때문에 런던을 향한 낭만은 지하철 문이 열리는 순간 사라지고 만다. 하지만 역마다 콘셉트가 있고 나름대로 전통을 승화시키려는 노력을 지속하고 있음을 읽을 수 있다. 낡은 것 속에도 런던스러움이 있다.

순례자의 발견

성지순례와 시장조사, 그리고 관광

2

　어떤 여행자가 될 것인가. 여행의 또 다른 시작은 여행지에 선 자신의 모습을 선택하면서 이루어진다. 중세 때 세워진 거룩하고 웅장한 성전 앞에 선 순례자, 마케터, 관광객의 반응은 확연히 다를 것이다. 순례자는 천장과 벽에 그려진 성스런 예술작품 앞에서 경외감에 가득 찬 눈으로 기도와 찬송에 빠져들고, 마케터는 이걸 어떻게 상품화해서 더 많은 사람에게 팔 수 있을 것인가를 궁리할 것이다. 관광객은 옆 사람에게 "죄송하지만 사진 좀 찍어 주시겠어요" 하고 말을 건넬 것이다.
　목적이 다르면 반응이 다르고, 반응이 다르면 결과도 달라진다. 한 친구는 여행 중에 잠시 런던에 들렀을 뿐인데, 그 이듬해 런던으로 어학연수를 떠나더니 지금은 시민권을 기다리며 높은 물가의 압력까지도 근근이 견디며 그곳에서 살아가고 있다. 이유는 그 도시의 매력에 빠져 버렸기 때문이고, 글로벌 시민이 되고 싶은데 그러기 위해서는 런던이 최적의 도시라고 여기기 때문이라고 한다. 백 퍼센트 동의한다. 하지만 나는 마흔 번 넘게 런던을 방문했지만 런던을 제2의 고향으로 생각해 본 적이 없다. 그동안 런던은 내게 브랜드 론칭을 위한 아이디어 발굴지거나, 마케팅 전략을 비교·확인 혹은 점검하는 일종의 연구실이었다.

주변에는 앞의 친구처럼 여행 한 번 다녀온 뒤 남은 삶을 낯선 여행지에 정착하여 살아가는 경우가 의외로 많다. 배낭여행 갔다가 배낭 풀고 주저앉은 사람, 어학연수 갔다가 생활 연수하는 사람, 달력에 있는 사진 보고 갔다가 달력에 있는 도시에 사는 사람, 낯선 땅을 배경으로 한 소설을 읽고 지금은 그곳에서 소설을 쓰고 있는 사람, 영화에 나온 도시를 보러 갔다가 영화 주인공처럼 그곳에서 사는 사람들이다.

내 친구가 런던에 사는 목적은 분명했다. 세계의 중심에서 살고 싶다는 것. 물론 나의 목적도 친구만큼 분명하다. 그곳의 '좋은 것'과 내가 그동안 보지 못했던 그곳의 '새로운 것'을 내가 사는 이곳으로 가져온다는 것. 나에게 여행은 출발했던 이곳으로 돌아오는 것이 목적이었고, 친구에게는 그곳에 남는 것이 목적이었다.

성인의 탄생과 기적, 순교가 있었던 성지에 머물며 자신의 신앙을 위로 받고, 지금까지 믿음으로만 상상했던 그곳을 두 눈으로 확인하는 성지순례자들의 여행은 과거로 돌아가는 여행이다. 반면 시장조사 여행은 새로운 기회를 얻기 위해 앞으로 펼쳐질 시장을 미리 훔쳐보는 미래로의 여행이다. 관광은 바로 지금 펼쳐진 풍경을 바라보는 현재로의 여행이라 할 수 있다.

마케터들에게 여행은 수집과 기록의 시간이기도 하다. 샘플이 될 만한 것은 사야 하고 사지 못하는 샘플은 사진에 담는다. 회사와 업종에 따라 방법은 다양할 것이다. 어떤 사람은 자동차만 보면 눈이 번쩍 뜨이고, 어떤 사람은 옷과 가방에 시선에 머물고, 어떤 사람은 혼자서 세 명 분의 음식을 시켜 먹으며, 여행을 가장한 '시장조사'라는 흥분되는 노동을 할 것이다.

배낭여행자가 보는 최악의 지도

1990년 초반부터 불기 시작한 배낭여행은 이력서 경력란에 꼭 들어가는 필수 항목이기도 했다. '배낭여행자=진취적·창의적·모험적, 패기와 잠재력 보유자'라는 공식이 성립되면서 배낭여행은 취업을 위한 필수 아이템이 되기도 했다. 여전히 경력란에 배낭여행을 적어 넣는 구직자들이 적지 않지만 이제는 그 매력이 예전만 못하다. 어학연수도 마찬가지다. 사표를 쓰고 잠시 다른 직장을 구하기 전에 떠나는 배낭여행은 대개 해방과 분풀이의 여행이기도 하다. 영화 〈비포 선라이즈(Before sunrise)〉에 나오는 제씨와 셀린느처럼 낭만적인 만남을 기대하면서 떠나는 친구들도 있지만.

최상의 코스를 최저의 가격으로 최대 만족을 기대하며 떠나는 배낭여행은 때로 최악의 여행이 될 수도 있다. 비슷비슷한 배경 사진, 정리되지 않은 여행 목적, 여전히 걸려오는 온갖 전화들. 어떤 배낭여행자는 얼마 안 되는 기간임에도 불구하고 시간이 남고 여행이 무료해진 나머지 여행지에서 인터넷을 하며 시간을 보기도 한다. 메일 확인하고 안부 메일 보내고 싸이에 어제 찍은 사진 올리고 메신저로 현재의 상황과 위치와 음식에 대한 이야기로 수다를 떨며 시간을 보낸다. 한국인 민박집에 머물면서 거기에서 만난 한국 친구들과 어울리거나, 한국 음식점을 찾아가 얼큰하게 취하기도 한다. 여행지에서 종종 만나는 이런 배낭여행자들은 15분 결혼식을 3개월씩 준비하고 결혼생활은 전혀 고민하지 않는 들뜬 신랑 신부처럼 보인다. 자신이 왜 여행을 하고 있는지 왜 그곳으로 떠나왔는지에 대한 진지한 성찰이 없다.

배낭여행에 관한 이런 과도한 일반화는 더 많은 훌륭한 배낭여행자들을 모독하는 일이다. 그럼에도 불구하고 이렇게 이야기하는 것은 여행을 준비할 때는 반드시, 여행의 '목적'을 준비하라는 뜻에서다. 항공비 절감, 맛집 확인, 숙박지 조정, 이동로 확인, 장비 점검은 철저하면서 그곳에서 무엇을 얻을 것인지, 무엇을 느낄 것인지, 무엇을 눈여겨볼 것인지, 돌아와서는 어떻게 할 것인지에 대한 생각이 없거나 불분명하다면 그 여행자는 좀 더 새로운 차원의 고민이 필요하다.

대부분 여행을 경쟁이라고 생각하지는 않는다. 하지만 자신도 모르게 많은 여행자들은 여행을 경쟁으로 여기고 있다. 제한된 시간에 더 많이 보고, 더 많이 찍고, 더 많이 먹는 것에 열중한다. 그러면서 시간과 경쟁을 하게 되고 결국 여행의 본질적 목표를 잃어버리게 된다.

목적 없이 떠나는 여행은 백화점 1층 향수 가게에 들어서는 것과 같다. 수백 가지 짙은 향수 냄새가 한꺼번에 코를 찔러와 1분도 안 돼 신경이 무감각해져 버린다. 목적 없이 떠나는 배낭여행은 뷔페에서 이것저것 실컷 먹는 것과 같다. 수많은 음식을 마음껏 다 먹으려고 모조리 집어넣기 시작하면 결국 맛있게 먹은 것이 무엇인지조차 기억하지 못하게 된다. 너무나도 많은 것을 보려 하면서도 정작 그 여행의 소중한 목적이 무엇인지 모르는 여행자는, 눈앞의 모든 것이 그저 낯설고 신기하게만 보여 결국 진짜 중요한 것은 보지 못하게 된다.

관광객 금지구역

관광객은 눈에 보이는 것을 보고, 마케터는 감춰져 있는 것을 찾아서 보고, 순례자는 아무도 보지 못하는 것을 본다. 순례자는 보고 싶은 것을 더 잘 보기 위해 눈을 감고, 마케터는 보고 싶은 것을 보기 위해 자신의 나라를 떠올리고, 관광객은 보고 싶은 것을 보기 위해 지도를 꺼내 든다.

순례자는 깨달음을 위해 여행한다. 과거에 그곳을 다녀간 '그분'을 느끼기 위해 여행한다. 반면 마케터는 지금 이 순간 현지 사람들이 살아가는 방식을 보기 위해 여행한다. 포토 포인트에서 사진을 찍기보다는 그들의 시장과 문화를 찍고 싶어 한다. 마케터의 여행은 현지인을 당혹스럽게 만들기도 한다. 그들의 상품을 사기보다는 상품의 아이디어만을 보고, 그들이 만들어 놓은 풍경을 보기보다는 그것을 이루는 구성 요소를 따지려 들고, 굳이 찍을 필요가 없어 보이는 곳에 찾아가 카메라를 들이대기 때문이다.

결국 마케터의 여행지는 시장이고, 마케터의 관광은 조사다. 그들은 미국 드라마 CSI 감식반 요원처럼 시시콜콜한 곳을 찾아다니며 카메라를 들이댄다. 10여 개의 브랜드 론칭과 리뉴얼을 위해 찾은 런던에서 내가 보는 것들은 '그들은 어떻게 돈을 벌고 있는가'다.

나는 그곳에서 위장 취업자처럼 행동한다. 회사의 직원과 위장 취업자는 다른 것을 본다. 직원에게 직장은 연봉과 승진을 위해 일하는 곳이다. 일만 열심히 하는 직장인도 있지만, 대개 본업과 상관 없는 부수적인 일들에 에너지를 더 많이 쓴다. 반면 위장 취업자는 회사의 기밀과 작동원리를 살피기 위해 다른 부수적인 것들은 고려하지 않고 목적한 바에만 집중한다. 직원은 회사의 핵심기밀을 꼭 알아낼 필요가 없지만, 위장 취업자는 반드시 그것을 알아내야 한다. 남들이 시키지 않아도 그것을 얻기 위해 무슨 일이든 다 한다. 잔무, 특근, 남들이 싫어하는 일도 일부러 한다. 결국 위장 취업자는 직원들이 절대 볼 수 없거나 보지 말아야 하는 것까지도 모두 볼 수 있게 된다.

마케터의 여행도 위장 여행이다. 자기 브랜드의 성공 노하우를 가져가는 걸 누가 좋아할까? 하지만 마케터의 위장 여행은 반드시 그들의 성공 요인을 가져가야 하는 것이기에 사진에 담지 못하게 한 것들 까지도 모두 찍어 간다.

순례자는 신과 성인의 흔적을 느끼려고 한다. 남아 있는 신의 흔적과 역사, 그 자리에 숨겨져 있는 영감을 느끼고자 그들은 거기서 눈을 감는다. 같은 자리에서 관광객은 풍경을 사진에 담으려 하고, 마케터는 상품이 되는 것을 찾으려 한다.

아름다움을 만나면 그것을 붙들고, 소유하고, 삶 속에서 거기에 무게를 부여하고 싶다는 강한 충동을 느끼게 된다. 왔노라. 보았노라. 의미가 있었노라 하고 외치고 싶어진다.

- 알랭 드 보통 〈여행의 기술〉 중에서 -

순례자가 된 마케터

개 눈에는 정말 뭐만 보일까? 나는 그 말을 믿고 함께 시장조사 여행을 떠나는 직원들과 사장들에게 개가 되라고 당부한다. 개가 되어야 개 코를 가지고 목적한 그것의 냄새를 맡을 수 있기 때문이다.

모래사장에서 눈과 손으로 모래와 철가루를 분리하는 건 쉬운 일이 아니다. 하지만 자석을 사용한다면 일이 간단해진다. 그런데 자석이 없고 못 한 개뿐이라면 어떻게 할까. 못을 자석으로 만드는 방법에는 두드리는 것이 있다. 1,000번 두드린 못과 10,000번 두드린 못 중 어느 것이 자성이 더 강할까? 10,000번이다. 사람도 고민하면 고민할수록, 긴장하면 긴장할수록, 갈망하면 갈망할수록 찾고자 하는 것을 더 잘 찾을 수 있다. 더 강한 자석이 된다면 거리만 걸어도, 단 한 번만 매장을 둘러봐도 필요한 것들이 쏙쏙 들어온다.

마케터는 세상의 시장에서 진리를 찾는 사람이고, 순례자는 세상과 떨어진 곳에서 진리를 찾는 사람이다. 마케터가 찾는 진리는 세상 사람들이 세상에서 살아가는 원리고, 순례자가 찾는 진리는 다른 세상에서 살아가는 원리다.

한편 진짜 마케터와 진짜 순례자 사이에는 통하는 점이 있다. 그것은 여행을 대하는 진지한 태도다. 성 어거스틴은 어떻게 죽을 것인가를 정하면 성자가 될 수 있다고 했다. 나의 비즈니스 경험에 의하면 동기는 재능보다 더 좋은 성과를 가져오고, 태도는 경력보다 더 높은 목표를 달성케 했다. 능력은 무엇을 할 수 있는가를 설명하고, 동기는 그 일을 결정하게 하고, 태도는 결정한 일을 얼마나 잘 할 수 있는가를 결정한다는 말의 의미를 나는 경험으로 이해하고 있다.

여행을 대하는 태도는 여행자의 인생을 바꾼다. 진리를 향한 순례자의 열정처럼, 우리의 여행 가운데 열정을 가져야 한다.

여행의 마일리지, 인생의 마일리지

대부분 현실에 돌아오면 바쁜 일상에 묻혀 여행의 감동은 금세 잊혀지기 십상이다. 여행을 통해 남겨지는 건 항공사 마일리지와 사진뿐일까. 여행 뒤에 남는 건 무엇일까.

삶과 여행을 통해 배운 하나가 있다면, 그것은 목적이 있으면 그 목적에 따라 배움이 누적된다는 것이다. 단 한 번의 여행을 위해 새로운 목적을 세우기보다, 삶의 방향에 따라 떠나기 전부터 가졌던 목적에 따라, 그저 보여지는 대로 풍경을 쫓아가며 보는 것이 아니라, 보고 싶은 풍경을 찾아가며 보기를 기대한다. 그러면 보았던 것들이 여행자의 지혜가 되어 차곡차곡 쌓일 것이다.

지혜를 찾기 위해서는 일관성 있게 한 곳만 보자.

낯선 곳에서는 눈에 보이는 모든 것이 신기하게 느껴진다. 하지만 돌아오는 비행기 안에서 대부분 잊혀진다.

특히 시장조사 여행에서는 더욱 견고한 하나의 목적을 갖는 것이 필요하다. 신발만 본다, 치마만 본다, 컬러만 본다, 포장지만 본다, 유리창만 본다, 조각상만 본다, 천장만 본다, 모자만 본다 식으로. 그렇게 하나를 보려고 하면 그것들이 쌓여 그 밖의 다른 것들이 보이고 주변이 보이고, 구조가 보인다.

목적이 없으면 삶의 많은 것들은 우연에 그치지만, 목적이 있으면 우리는 그것을 숙명으로 맞이할 수 있다. 낭만적인 여행을 위해 우연과 판타지 소설 같은 상황을 기대하지만, 이것의 성공률은 도박의 성공률처럼 희박할 수밖에 없다.

다시 한 번 묻는다.

당신의 이번 여행의 목적이 무엇인가?

인생의 목적과 여행의 목적이 연동되어야 하는 이유는 비록 아주 가끔이지만, 비로소 여행지에서 삶을 정확히 바라볼 때가 있기 때문이다. 여행에서 분명한 목적을 가지고 있으면 여행 기간의 모든 일들이 인생에 누적된다. 여행은 인생의 마일리지를 축적하는 것이 되어야 한다.

순례자의 발견 3

런던
디자인의 정수,

택시

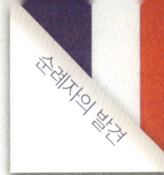

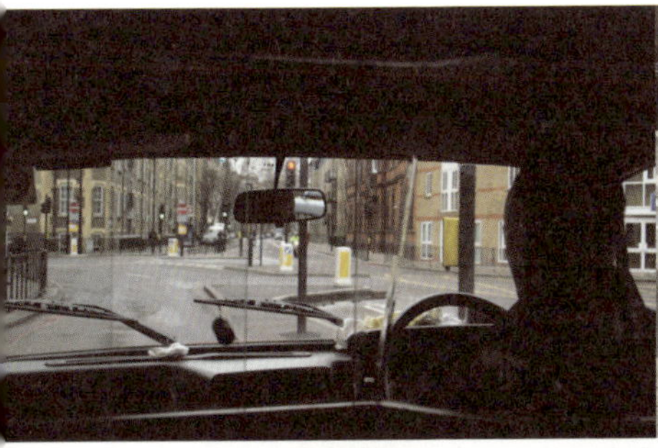

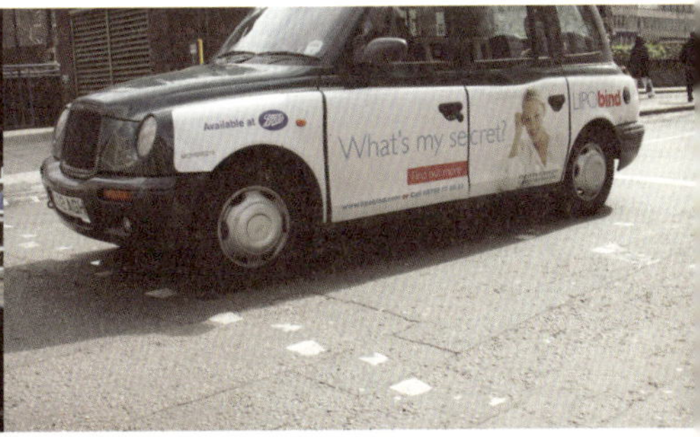
What's my secret?

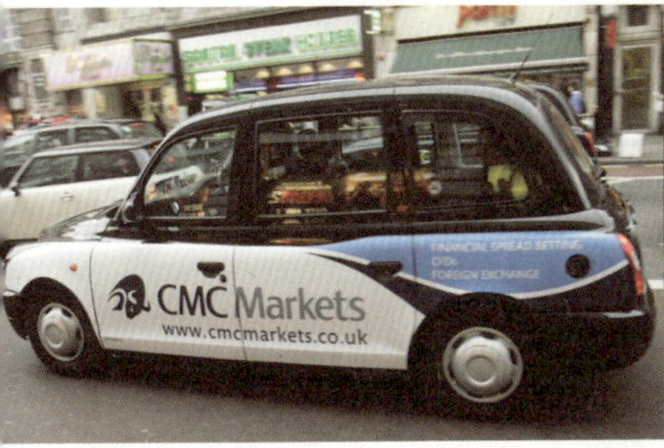
CMC Markets
www.cmcmarkets.co.uk
FINANCIAL SPREAD BETTING
CFDs
FOREIGN EXCHANGE

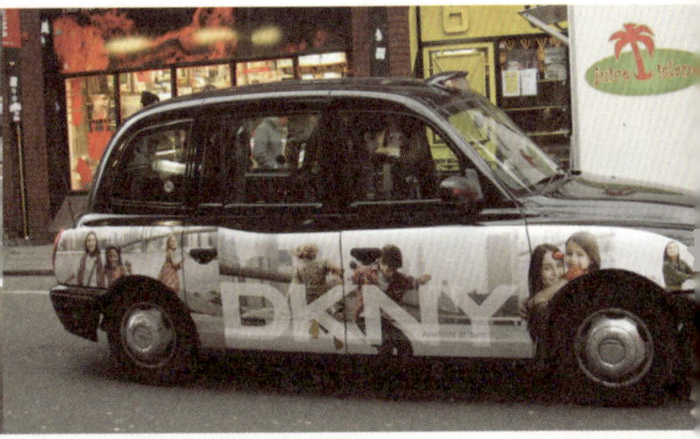
DKNY

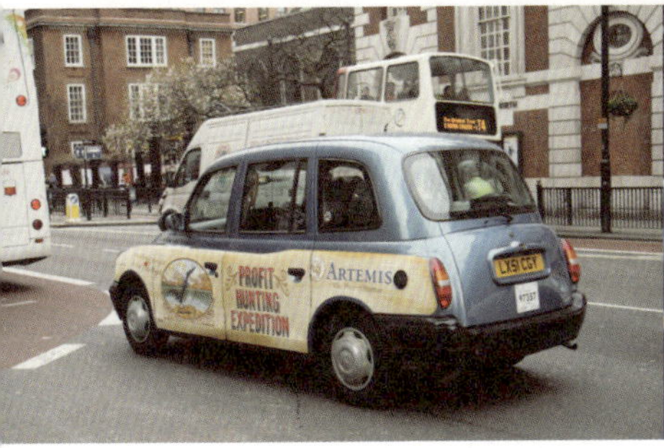
PROFIT HUNTING EXPEDITION
ARTEMIS

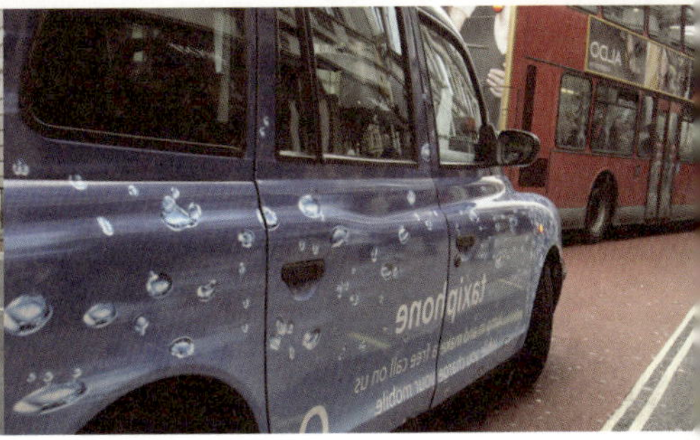

돈이 되는 곳에는 최고들이 모인다. 관광의 나라 런던에서 관광객들은 대부분 길거리에서 시간을 보낸다. 따라서 길거리 광고매체들은 런던뿐만 아니라 세계를 대상으로 한다. 대표적인 매체는 바로 택시와 버스. 그중에서 택시는 단연 최고의 디자인을 보여준다. 광고 기획자를 할 때 하루 종일 택시와 버스의 사진만 찍은 적도 있다. 눈앞에 지나가는 런던의 택시는 디자인 교과서다.

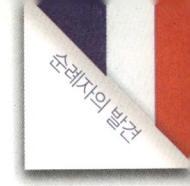

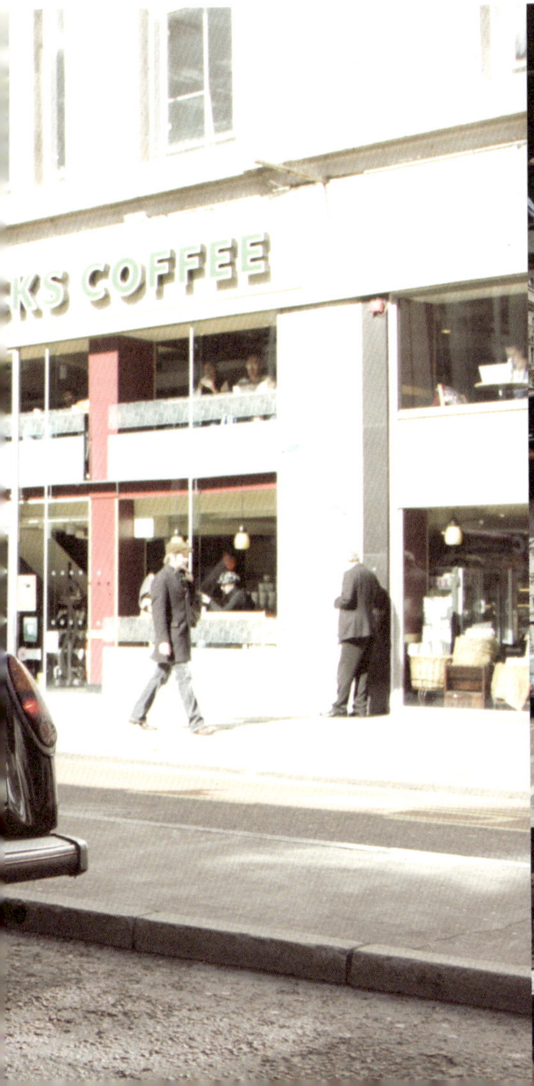
KS COFFEE

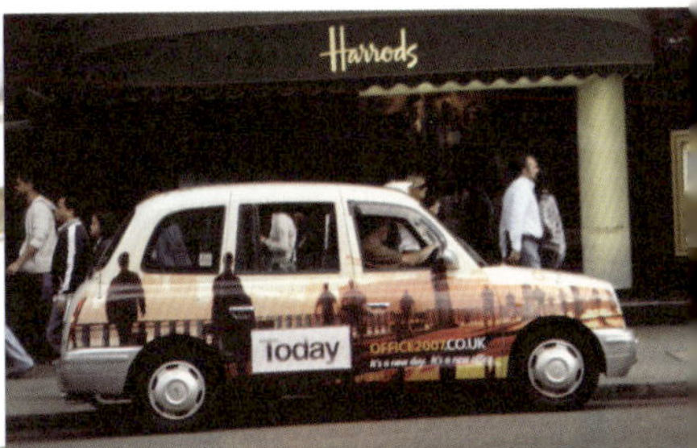
Harrods
Today
OFFICE2007.CO.UK

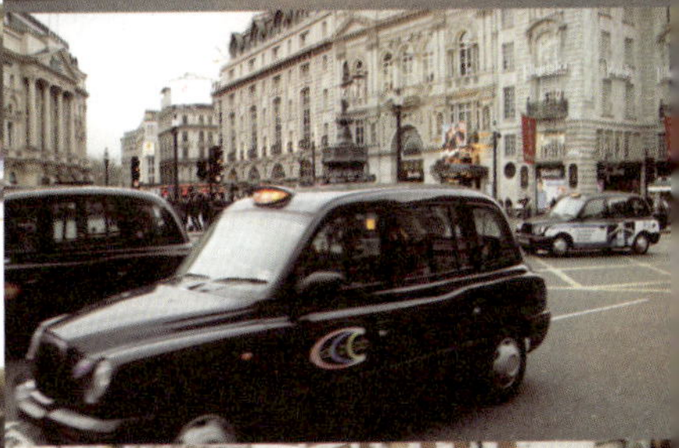

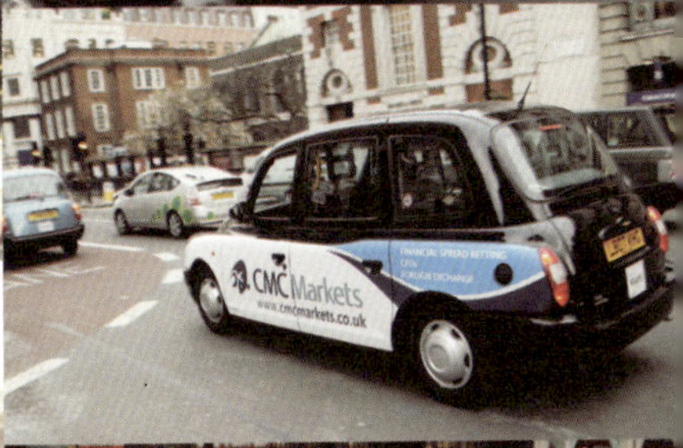
CMC Markets
www.cmcmarkets.co.uk

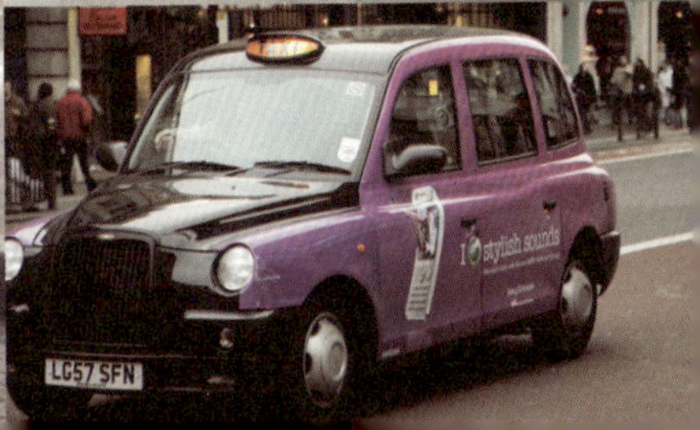
stylish sounds
LG57 SFN

순례자의 발견 4

심벌을 찾아라

얼마 전 다녀온 런던 여행의 목표는 '런던 스타일 캐릭터 캐쥬얼' 브랜드 론칭을 위한 심벌을 찾는 것이었다. 그 일의 어려움은 '런던 스타일'과 '캐릭터'에 대해 느끼는 한국 사람의 런던스러움에 대한 정의의 불분명함에 있었다. 이것은 단 한 번 동양에조차 와 본 적 없는 노르웨이 백인 남자가 '한국식 캐쥬얼'을 입고 싶다고 하는 것과 유사한 상황이다. 어디까지가 일본식이고 어디까지가 중국식인지조차 알 수 없는 모호한 처지에 있는 것이다. 런던 스타일도 어디까지가 영국인지, 어디까지가 런던인지 알 수 없다. 어쨌든 우리가 찾는 것은 단 한 번도 런던에 가 보지 않은 사람이 '이거 런던 스타일인데요'라고 말하게 만드는 한국 사람 안에 내재된 런던을 형상화하는 일이었다.

순례자의 발견

영국적 심벌을 찾는 방법은 간단하다. 런던에 가서 가장 런던스럽다고 생각하는 상징물들을 모조리 수거해서 한국에서 분리하는 것이다. 수거 과정은 조금 복잡하다. 어디서, 어떻게, 어떤 관점으로 모아 올 것인가가 관건인데, 그만큼 이 분야에 대한 안목과 경험이 있는 전문가의 기술이 필요하다. 런던 하면 떠오르는 이미지는 원탁의 기사 아더왕, 십자가, 왕관, 사자, 여왕, 비틀즈까지 너무나도 다양하기 때문이다.

언제나 그랬던 것처럼 나는 심벌을 찾기 위해 박물관, 백화점, 시장, 그리고 창문을 살펴보았다. 그러다 발견한 것은 결국 어느 호텔 창문에서 보았던 십자가 마크였다. 영국 국기에서부터 보이는 십자가는 종교적 상징을 넘어 패션과 디자인 소재로 활용되고 있다. 영국의 세인트라는 브랜드는 말 그대로 '십자가' 브랜드이기도 하다. 작업은 제이 에스티나 심벌인 티아라를 만들었던 안은주 디렉터가 맡았다.

3
런던으로 떠나기 전날 밤

　여행과 여행책은 가벼워야 한다. 짐도 가볍고, 마음도 가볍고 목적도 가벼워야 한다. 인천공항을 나서면서부터 철학자가 되어 여행 내내 우울증 환자처럼 다녀서는 풀지 못한 문제와 피로만 가득 안고 돌아오기 쉽다. 성공적인 여행을 위해서는 모든 것이 심플하고 명쾌하게 정리된 상태에서 떠나야 한다. 떠나는 목적이 분명해야 한다.

　여행자는 출발 전에 보다 많은 곳을 보기 위해 두꺼운 여행책과 인터넷에 남겨진 수많은 여행 자료를 섭렵한다. 학습과 준비로 최적의 코스를 만들어 알차게 볼 것은 다 보고 오겠다는 마음이다. 하지만 이런 여행은 자신에겐 그다지 의미가 없을지도 모르는 것까지도 모조리 보아야 한다는 의무감이 뒤따르기에 좋지 않다. 너무나 많은 것을 보느라 결국 아무것도 보지 못할 수도 있다. 먼저 영화 본 사람이 주인공의 운명을 모두 얘기해 주는 바람에 김빠진 사이다 먹듯이 낯선 것을 익숙하게 보게 돼서 현장의 감동과 상상력이 떨어지는 문제도 있다. 여행은 '반응'이다. 하지만 너무나도 친절한 정보 덕에 우리는 반응하지 못하고 '확인'만 반복할 수도 있다.

나의 여행은 발리를 제외하고는 60만 마일리지의 대부분이 브랜드 론칭을 위한 것이었다. 여행이 아니라 시장조사라고 해야 더 맞는 표현인지도 모른다. 매년 수차례 방문하고 있는 런던도 모두 브랜드 론칭을 위한 시장조사 성격이었다. 1993년부터 마케터로 살아왔던 나의 여행에서 관광은 없었던 듯하다. 마케터의 관광은 시장조사, 편집장으로도 살고 있는 지금 나의 관광은 취재다. 이 책은 이 두 목적이 합쳐진 여행에 관한 것이다.

런던에 가는 여행자의 코스는 대개 이렇다. 버킹엄 궁전, 빅벤, 대영박물관, 해러즈 백화점 그리고 피날레로 리젠트 스트리트에서 버버리 트렌치코트를 사는 것(한국인 판매직원 상시 대기). 버버리 공장에서 비품 상품을 사는 코스도 한국인을 위해서 특별 준비되어 있다. 그러다 보니 자극

3장. 런던으로 떠나기 전날 밤 65

적인 여행을 좋아하는 한국인에게는 물가가 비싼 런던보다는 디즈니랜드나 뉴욕의 쇼핑 타운이 더 매력적으로 느껴진다. 런던 여행 코스도 대개 2박 3일이면 충분하다고 느낀다.

그런데도 나는 바쁜 비즈니스 와중에 한 달이나 런던에 머문 적도 있다. 그러면서도 배우고 응용할 것이 무궁무진하기 때문에 늘 그곳에서의 시간이 충분하지 않다고 느낀다. 끊임없이 무언가가 나오는 곳이 런던이기 때문이다. 그곳에는 18세기의 모습과 2020년의 모습이 공존하고 있다. 역사와 트렌드, 영국적인 것과 세계적인 것이 뒤섞여 있어 도시 자체가 세계의 박물관처럼 느껴진다.

마케터는 자신이 만들고 싶은 미래 시장, 수년 안에 다가올 자신의 시장이 미리 펼쳐져 있는 곳에 가고 싶어 한다. 미래를 훔쳐보고 싶기 때문이다. 그래서 마케터는 과거와 현재의 '관광'이 아니라, 미래를 '상상'하기 위해서 여행을 떠난다. 그런 마케터에게 런던은 상상으로 떠나는 세계의 몇 안 되는 마케터를 위한 '성지'다. 영감·정보·방향·검증·샘플·창조를 위한 공간이다. 마케터에게 끊임없이 탐험을 종용하는 유혹의 보물섬이다.

보물섬 런던의 덫

런던 여행에서 마음에 새겨 둬야 할 지침이 있다면 '분위기를 조심하라'는 것이다. 런던의 분위기에 잠깐 정신을 놓으면 순식간에 그 마력에 흡수되어 버리기 때문이다. 런던 사람을 만나 왜 이렇게 물가 높고 복잡한 곳에 사느냐고 물으면 '분위기가 좋아서'라는 답변을 종종 듣게 된다. 비록 차가운 심장의 마케터인 나는 '런던 바이러스'에 감염될 가능성이 낮은 종족이지만, 혹시 모른다. 지금 이 책을 읽는 독자 중 누군가도 어느 순간 헤어나기 힘든 감염 증세를 보일지도.

그동안 발견한 대다수 런던 체류 한국인의 공통된 '런던 토착화 증상'은 다음과 같다.

① sightseer ➪ ② visitor ➪ ③ tourist ➪ ④ seeker ➪ ⑤ explorer ➪ ⑥ discover ➪ ⑦ creator ➪ ⑧ worshiper ➪ ⑨ immigrant

처음에는 구경꾼(sightseer)으로 시작한다. 런던은 아직도 뉴욕이나 도쿄에 비하면 덜 익숙한 도시. 그래서 첫 런던 여행은 대개 '런던에서 시작'하는 여행 코스에 포함되거나 '런던에서 끝'나는 코스에 포함되어 이루어진다. 그랬던 여행에 아쉬움이 남는 여행자는 한 번 더 시간을 내서 방문객(visitor)이 되어 런던을 찾는다. 이때까지도 대개 유럽에 간 김에 파리에서 열차 타고 가거나 잠시 들렀다 오는 형태로 이 도시를 방문한다. 그랬던 여행자는 어느 순간 자신이 런던에 관한 정보라면 그 가치 경중에 상관없이 상당히 높은 관심을 보이는 것을 발견하게 된다. 때때로 런던 거리를 걷는 자신의 모습을 상상하던 여행자는 마침내 런던에 대한 지식과 정보로 중무장하고 관광객(tourist)이 되어 상당한 시간을 투자해 런던을 찾는다.

그리고 난 다음부터는 여행의 화학적 변화가 일어난다. 여행자는 여행지가 아니라 탐구의 대상으로 런던을 바라보기 시작한다. 자연스레 구도자(seeker)의 모습을 띤다. 많이 보고 깊이 알게 될수록 생각도 깊어지는 것처럼, 런던을 알아 가면서 그 도시의 또 다른 매력을 찾고 그 근원에 무엇이 있는지 탐구해 가기 시작한다. 눈으로 보는 것이 아니라 마음으로 찾으려고 런던을 방문한다. 대개 어학연수와 배낭여행 형태로 이루어지는 경우가 많다.

그 다음에는 탐험가(explorer)와 발견자(discover)가 된다. 런던을 떠나 스코틀랜드와 그 주변의 몇몇 나라와 도시로도 발길을 돌린다. 런던을 제대로 이해하기 위해 영국을 공부한다. 창조자(creator)는 좀 특별한 케이스다. 런던의 것을 나의 것으로 만들고 싶어 하는 사람들이 이런 반응을 보인다. 새로운 사냥감, 새로운 아이디어를 찾는 목적이 있는 여행자가 여기에 속한다. 하지만 런던의 분위기에 휩싸여 버리면 구도자(seeker)에서 바로 경배자(worshiper)가 되어 버린다. 그리고 그 끝에는 이민자(immigrant)가 있다.

신대륙을 향하여

콜럼버스의 여행은 관광이 아니었다. '발견'이었다. 나의 런던 여행은 순례고 배움이다. 여기서 배우는 가장 핵심적인 것은 '역사와 전통'이나 '첨단과 문명'이 아니라, 이것들의 '조화와 융합' 또는 '공존과 공유'다. 서로 같지만 다르고, 다르지만 같은 것을 배우는 것이 런던이다. 나는 이런 '차이'에서 '차원'이 다른 것을 배우고 겸손한 마음으로 런던을 상상한다.

이 책에서 독자는 여행의 낭만보다는 기술, 기술보다는 전략을 보게 될 것이다. 순수한 영혼의 여행을 추구하는 이에게는 혹 세속적으로 보일지 모르지만, 삶과 비즈니스에 적용할 아이디어를 찾는 여행자라면 특별한 영감과 기술을 얻게 될 것이다. 시장조사와 시장 창조를 위해 생산적인 여행을 꿈꾸는 활동적인 여행자는 공감할 만한 것이 있을 것이다.

그렇다고 해서 '비즈니스 샘플 구입에 관한 1,000가지 아이디어' 같은 내용은 없다. 최적의 쇼핑 코스도 없다. 런던에서 꼭 찾아가야 할 100곳에 대한 정보도 없다. 대신 이 책은 그 방법을 말할 것이다. 런던에서 무엇을 볼까는 중요하지 않다. '무엇'은 너무나도 많다. 그 '무엇'을 정하는 것은 여행자의 자유고 몫이다. 무엇을 '어떻게' 보는가가 중요하다. 이 책은 '어떻게 볼까'에 관한 책이다.

내일 밤, 런던으로 떠나기 위해 다시 한 번 챙겨 봐야 할 것이 있다면 디지털 카메라의 충분한 메모리와 여분의 배터리일 듯하다. 얼마 전 5박 6일 출장에서 45기가바이트의 사진을 찍었다. 런던은 보고자 하는 사람에게는 숨겨둔 모습까지 드러내는 신비한 보물섬이다. 만선의 기쁨을 안고 귀향하는 배처럼 그 섬의 보물을 가득 담아 오려면 넉넉한 저장 공간이 필요할 것이다.

한 번 나서면 20기가바이트 정도의 사냥감은 물어 오겠다는 의지를 가져야 한다.

순례자의 발견 5

전시 능력

무엇을 말하는가도 중요하지만
어떻게 말하는가도 중요하다.
런던의 매장과 거리를 보면 그들은
어떻게 말할 것인가를 정확히 알고 있는
사람들 같다.
거리를 갤러리처럼 만들고 윈도우를
통해 상품을 작품처럼 설명하는 그들의
전시 능력은 가공할 만하다.
영국의 유명 브랜드나 핵심 브랜드 혹은
시장을 주도하는 브랜드들의 윈도우
전시와 매장 전시는 그냥 스쳐 지나가듯
봐서는 안 된다. 그들의 의도와 목적을
해석하려는 노력이 필요하다. 물론 만든
사람의 생각을 온전히 알 수는 없지만,
우리가 배우고자 하는 것은 '무엇'보다는
'어떻게'에 있기에 큰 문제는 없다.

윈도우를 액자처럼 만들었다. 그 안에 있는 상품은 작품이다.

이 매장의 콘셉트는 낙하산이다. 보이는 하얀 천은 모두 낙하산을 응용한 것이다.

런던의 거리와 골목 카페에도 항상 예술이 있다.

언어에 문법이 있어야 하듯이, 윈도우에는 철학이 있어야 한다.

순례자의 발견 6

영국스럽거나
혹은
런던스럽거나

순례자의 발견

탁월한 아파치들은 곰의 발자국만 보고도 그놈이 숫놈인지 암놈인지, 식사를 했는지 사냥을 준비중인지, 지금 산책중인지 이동중인지, 기분이 좋은지 나쁜지, 그리고 원래 성격은 어떠한지까지 모두 알 수 있다고 한다. 어떻게 발자국만으로 곰의 성격까지 알 수 있을까.

시장조사는 부분으로 전체를 읽어야 하며, 현재를 통해서 과거를 알아야 하고, 한 명을 통해 전 세계에 불어닥칠 트렌드를 읽어야 한다. 이런 압박감으로 인해 영국의 런던을 보지 못하고 세계의 런던만 볼 때가 있다. 이 몇 장의 사진들은 가장 런던스러운 모습을 담고 있다.

이층버스 위에서 바라본 런던의 시내는 새로운 풍경을 보여준다.

HINDE STREET METHODIST CHURCH

BAR

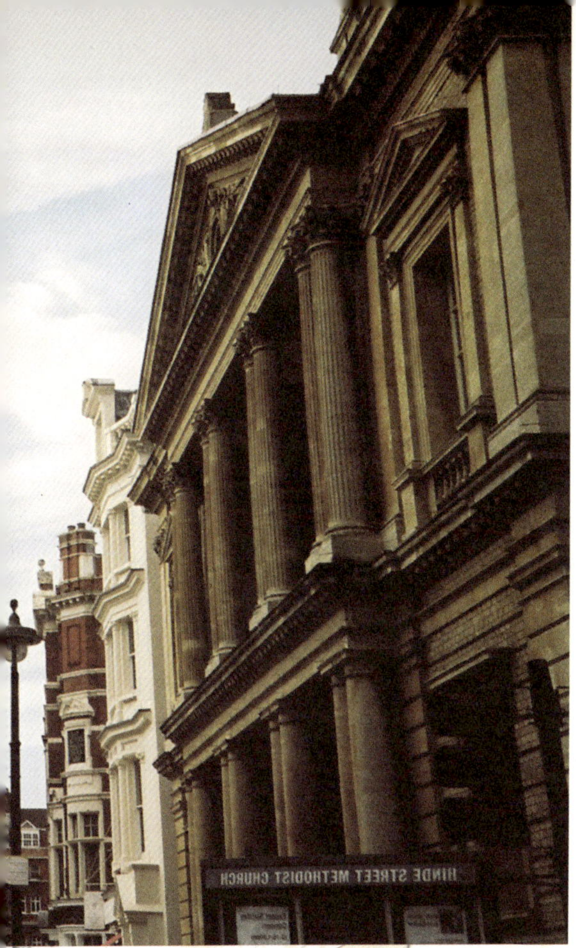

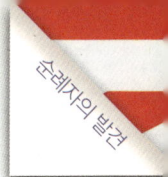

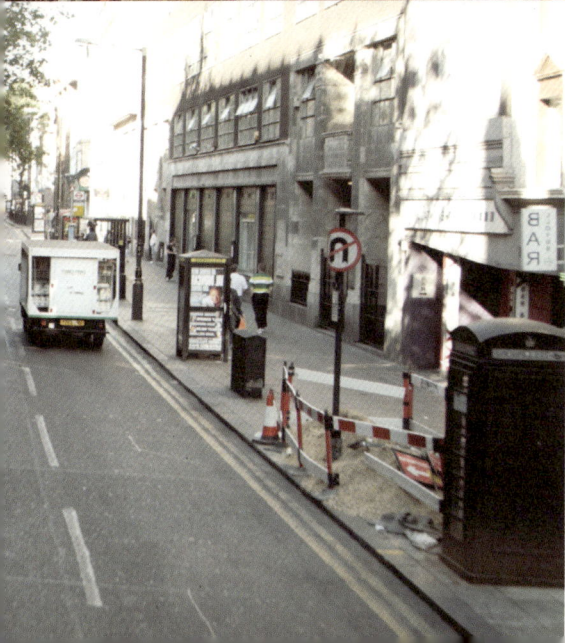

거룩한 여행,
시장조사

4

여행과 시장조사는 물과 기름처럼 잘 어울리지 않는 말일 수도 있다. 시장조사라는 말은 특정 분야에서 사용되는 단어고, 시쳇말로 '돈 되는 것'을 찾아 나서는 것이기에 떠남과 자유의 상징인 여행과는 왠지 잘 어울리지 않는 것처럼 보인다. 하지만 시장조사는 우리가 디디고 있는 현실과 밀접하게 맞닿아 있다. 마케팅과 브랜딩, 전략의 시작점이 시장조사와 맞닿아 있기 때문이다. 마케팅에서 빼놓을 수 없는 핵심 기술이라 해도 지나치지 않다. 하지만 낭만적인 런던 여행을 앞에 두고 불쑥불쑥 튀어나오는 이 거북한 단어가 독자의 눈에 자꾸만 거슬릴지도 모른다. 여행과 시장조사는 배 다른 남매 수준이 아니라 남남처럼 느껴지기 때문이다.

이런 어색한 만남을 줄이기 위해 시장조사를 '라이프 스타일 탐사 여행' 정도로 색을 입혀 보면 어떨까. 시장조사에서 시장은 정말로 남대문시장·동대문시장 같은 시장을 조사하는 것이 아니라, 어떤 대상의 삶과 가치, 세계관을 연구하는 것이다. 이 같은 무형적인 자산이 유형적인 자산으로 전환되어 상품 혹은 서비스로 탄생하는 곳이 바로 시장이니까.

우리의 런던 시장조사, 런던에서의 라이프 스타일 탐구 여행은 엄밀하게 말하면 '시장' 조사가 아니라, '사회' 혹은 '문화' 탐사이기도 하다. 시장이 거래의 장소라면, 사회는 커뮤니케이션 장소다. 마케터의 거룩한 여행, 시장조사는 말 그대로 문화에 대한 이해를 통해 사회를 해석하고, 그 결과로 살아가는 방식과 상징을 연구하는 것이라 할 수 있다.

시장조사는 문화탐구(culture explore)다.

시장조사는 사회연구(social research)다.

시장에서 팔고 있는 각종 브랜드는 욕구의 상징이기 때문에 시장조사는 상징의 해석 여행이라고 할 수 있다. 시장은 사람들이 살아가는 커뮤니케이션과 교환 활동이기 때문에 시장조사는 사회와 문화 구조를 이해하는 여행이라고 할 수 있다. 시장에 있는 모든 것들은 사람의 마음 안에 있는 모든 욕망과 소망의 구체화다. 따라서 시장조사는 인간을 해석하는 여행이기도 하다.

상징은 브랜드가 되어 시장에 나타난다. 버버리는 영국의 상징이고, 셀프리지 백화점은 런던 트렌드의 상징이다. 어느 도시 어느 나라의 가치가 어떻게 상징이 되었는가를 연구하는 것은 마케터의 몫이다.

런던 거리에서 가장 눈에 띄는 음식점은 일본 음식점이다. 일본의 패션 브랜드들은 런던 거리의 한복판에 자리하고 있다. 우리는 런던에 있는 일본 상품을 보면서 런던이 이해하는 동양의 정서가 어떻게 축적되고 있는지 확인할 수 있고, 향후 런던에 론칭할 한국 브랜드의 모습을 예측할 수 있다. 시장에 나온 상품은 사람들의 욕구에 반응해 탄생한 것들이다. 그 상품을 보면서 우리는 런던 사람들이 무엇을 좋아하고, 무엇에 관심이 있고, 무엇을 탐닉하는지 알 수 있다.

시장조사 여행자를 위한 10계명

1. 한국에서 시장조사 '연습'을 하라

무작정 런던으로 떠나서 시장조사를 하면 안 된다. 일단 해외로 나가면 시차와 낯선 환경, 들뜬 마음 때문에 이틀(사람에 따라서 4일까지) 정도는 흥분 상태가 지속된다. 제대로 시장조사를 할 수 없다. 또한 무작정 떠난 사람들은 무엇을 보아야 할지 모르기 때문에 닥치는 대로 사진만 찍어낸다. 이런 사람은 떠날 때쯤이 되어서야 뭔가 잘못됐음을 알아차린다.

이를 방지하기 위해 한국에서 먼저 시장조사를 연습하면 좋다. 압구정에서 영국식 심벌 찾기를 해 보아도 좋고, 혹은 전혀 가 보지 않았던 도시(대구 동성로나 부산 서면 등)를 정하고 거기서 시장조사 연습을 해 보는 것이다. 비록 해외와 다르지만 두 차례 정도의 연습을 통해 도착하자마자 당황하지 않고 자연스럽게 시장조사를 시작할 수 있다.

2. 한국에서 먼저 시장 '조사'를 하라

1장이 찾는 연습이라면 2장은 실제로 조사를 하는 것이다. 사실 해외에서 뜬다고 하는 것들은 대부분 한국에 다 들어와 있다. 그렇다고 해외로 시장조사 갈 필요가 없다는 것은 아니다. 한국에 있더라도 대부분 전체보다 부분적인 것이 많다. 우리가 원하는 것은 해외에 있는 그대로의 모습을 보려는 것이기에 먼저 한국에 도입 적용된 것들을 유심히 살펴볼 필요가 있다.

시장조사나 해외여행을 하는 사람들이 우리나라를 구석구석 파악하고 있는 경우도 드물다. 해외 시장조사를 떠나기 한 달 전부터 계획을 세워 한국에 존재하고 있는 것들을 완전히 숙지해야만 한국에 없는 것을 볼 수 있다. 또한 다른 사람이 해외에서 무엇을 벤치마킹해서 자신의 것에 적용했는지도 파악할 수 있다. 국내 것을 완전히 알아야만 해외의 것을 온전히 볼 수 있는 것이다.

3. 관련 책을 모두 보거나 모두 보지 않거나

여행 정보서를 한 권만 읽는 건 위험한 일이다. 그것이 전부처럼 보일 수 있기 때문이다. 작가의 감정과 느낌, 판단이 배어 있기 때문에 읽다 보면 저자의 관점을 흡수하게 된다. 일종의 선입견이다. 날것 그대로 느끼는 데 방해가 될 수 있다. 이런 때는 아예 읽지 않는 게 낫다. 특히 새로운 브랜드를 만드는 사람에게 있어서는 생생한 첫인상이 중요하기 때문에 선입견 없이 그대로 보는 게 중요하다.

정보를 얻는 시장조사라면 관련된 책을 모두 읽고 가야 한다. 그때는 정보에 대한 느낌보다는 해석이 더 중요하기 때문이다. 만약 같은 지역에 2회 이상 시장조사 계획이 잡혀 있다면 첫 번째 시장조사 때는 아무 정보 없이 가기를 권한다. 시장조사에는 모르고 보는 것과 알고 보는 것 모두가 필요하고 그 조화가 필요하다.

4. 세 번 이상 가야 할 곳도 있다

대부분의 관광은 한 번이면 족하다. 다시 찾았을 때는 처음 받았던 감동만 못한 경우가 대부분이다. 시장조사도 가급적 많이 보기 위해 모든 코스는 한 번만 죽 돈다. 그렇지만 반드시 세 번 이상 가야만 보이는 곳이 있다. 그때는 그들의 부족한 부분까지 보인다. 처음 볼 때는 모든 것이 낯설기 때문에 신선해 보인다. 두 번째 보면 정말 신선한 것만 신선해 보인다. 세 번째 보면 그들의 단점과 약점, 보완할 점도 보인다. 시장조사를 통해 남의 것을 얻거나 배우는 것도 가능하지만, 자신의 것 가운데 무엇이 좋은지도 찾아낼 수 있다.

5. 먼저 나무를 보고 숲을 보아야 한다

 해외 시장조사를 하면 대개 그들의 건축에 먼저 매혹당하게 마련이다. 건축과 도시를 집중적으로 보려는 여행자가 아니라면 일단은 도시의 풍경보다는 세세한 콘텐츠부터 보아야 한다. 사람만 보기, 신발만 보기, 윈도우만 보기, 심벌만 보기, 컬러만 보기 등 자신이 온 특정 목적에 부합하는 부분만 보아야 한다. 이렇게 하나에 집중하다 보면 공통 패턴이나 규칙, 특성을 발견할 수 있다. 현지의 트렌드나 스타일, 생활방식을 읽을 수 있게 되는 것이다. 이틀 정도는 이렇게 하나만 보다가 3일 뒤부터는 전체를 보기 시작하자. 그러면 그들의 문화와 그들을 감싸고 있는 생각이 보인다.

6. 시장조사는 기록이다

 DSLR 카메라를 사용하고 렌즈는 광각에서 망원까지 고루 찍을 수 있는 24-105mm가 좋다. 우천시나 긴급 촬영을 위해 휴대하기 좋은 똑딱이 카메라를 챙기고, 촬영이 제한될 수 있는 상황을 대비해 휴대폰 카메라도 챙긴다. 아무리 기억력이 좋고 그림을 잘 그려도 흐릿한 사진 한 장보다 정확할 순 없다. 예전에는 14시간 동안 기록이 가능한 녹음기도 가지고 다니면서 거리의 소리까지도 녹음했다. 여행에서 돌아와 사진과 함께 소리까지 들으면서 그때의 느낌을 생생하게 되살리기 위함이었다.

7. 쌍끌이 방식의 탁월함

 테마별로 시작해서 거리별로 중복 조사한다. 일단 백화점별, 명품 브랜드별, 박물관별로 따로 본다. 그 다음에 거리에 나와 있는 매장별로 모두 훑어본다. 종횡을 가로지르는 시장조사는 대단한 중노동이다. 하지만 일단 테마별로 보아야 관점과 패턴을 읽을 수 있고, 거리에 있는 매장을 모두 보아야만 흐름을 읽을 수 있다. 업계나 종목에 따라 다르겠지만 의(衣)·식(食)·주(住)·휴(休)·미(美)·락(樂)에 해당하는 산업군은 이렇게 해야 큰 그림과 그 안에 숨어 있는 그림을 모두 볼 수 있다.

특히 런던에서는 더욱 절실히 이 방식이 요구된다. 예술, 디자인, 아이디어, 상품들이 서로 뒤섞여 있기 때문에 무조건 길바닥만을 훑고 다녀서는 뷔페식당 가서 배불리 먹었지만 뭘 먹었는지조차 제대로 기억하지 못하게 되는 것과 같은 상황에 처할 수 있다.

8. '왜'와 '어떻게'에 집중하라

현상은 복잡하다. 그러나 법칙은 단순하다. 시장은 복잡하다. 하지만 욕구는 단순하다. 해외 시장에서 신기한 상품은 우리 눈에는 특허품처럼 보이겠지만, 그들에게는 일상용품이다. 그저 그들의 욕구와 욕망, 필요를 반영하고 있는 상품이다. 그 사회의 문화와 가치, 트렌드를 반영하고 있는 거울이기도 하다.

그래서 '이것은 뭐지?'라는 관점보다는 '이것이 왜 여기 있지?'라는 시각에서 보아야 한다. 필요하면 학생이나 관광객으로 가장해 그 상품의 기원과 출처를 물어보는 것도 좋다. 같은 질문을 한 가게에서 한 명한테만 물어서는 안 되고 여러 곳에서 5명 이상에게 충분히 질문해 보는 것이 좋다. 시장조사의 궁극적 목적은 '그들은 이런 욕망과 욕구를 이런 상품으로 대치했다. 그럼 우리는 어떻게 할까?'라고 할 수 있다.

9. 진짜 짜릿한 맛을 주는 의외성

하루 정도는 스케줄에서 벗어나길 바란다. 지도를 잠시 배낭에 집어넣고 그냥 걷는 것이다. 크고 깊은 산에서도 사람이 자주 다니는 길에는 야생 동물이 모습을 잘 드러내지 않는다. 관광객과 시장이 몰려 있는 거리에는 '팔릴 물건'만 있다. 특별하고 독창적인 것은 찾아보기 힘들다. 누구도 가지 않은 낯선 길에 들어섰을 때 백과사전에서도 보지 못했던 괴상한 동물을 만날 수 있는 것처럼 진정 새롭고 특별한 것과 조우할 수 있다. 그것을 만나야 한다. 우연은 운명의 또 다른 이름이다. 이 방법은 치안과 교통이 확실한 곳에서만 사용하길.

10. 현지에 거주하는 한국인의 정보를 조심하라

그들의 정보를 지나치게 믿지 말아야 한다. 무조건 거부할 필요도 없다. 처음 여행이거나 시장조사를 하는 경우에는 그들에게 크게 의존할 수밖에 없다. 현지 안내자가 숙달된 가이드라면 핵심 관광 코스만을 간결하게 알려줄 것이고, 그러지 못한 초보라면 자신이 아는 곳만 가르쳐 줄 것이다. 진정 보고 싶은 것은 보지 못하고, 결국 수많은 한국인들이 거쳐간 코스만 보거나 아예 제대로 보지 못하게 될 것이다. 시장조사의 기본은 아무도 보지 못한 것을 보는 것. 현지인이 알려준 코스는 참고용·확인용으로만 사용하는 게 좋다.

낙오자들

  시장조사를 위한 강행군에서 제일 먼저 낙오하는 사람들은 대개 임원과 사장이다. 상대적으로 연장자여서 그런지 하루 평균 열 시간이 넘는 전략적 행군을 감당하지 못한다. 자신의 역할을 함께 시장조사 온 직원에게 맛있는 음식을 사 주는 것으로 알고 있는 분도 있다. 그것도 하나의 괜찮은 리더십이라 할 수 있지만, 그곳은 삶의 또 다른 전쟁터. 더 치열한 지도력이 요구되는지도 모른다.

  시장조사는 청각·시각·후각 등 가능한 감각기관을 모두 다 동원해 찾고자 하는 것을 찾는 여행이다. 일상에서는 별로 사용하지 않는 직관도 동원해야 한다. 인간의 야생성이 뿜어져 나오는 시기다. 현지 정보가 늘 부족하기 때문에 지식보다는 감각과 직관에 의존해야 하는데, 그러다 보면 자연스레 아드레날린이 분출되면서 전투 직전의 긴장감 같은 것이 온

몸을 휘감는다. 그러다 보면 평소에는 사용하지 않던 감각들이 모조리 살아나면서 눈앞의 온갖 현실이 색다르게 다가오기 시작한다. 같은 사물도 목적하는 바와 필요에 따라 다르게 보인다.

시장조사 여행이야말로 고정관념에서 탈출하고 혁신적인 시각을 가져올 수 있는 좋은 기회다. 나는 직원들에게 종군기자의 마음으로 시장조사에 임하라고 말한다. 다른 회사 직원에게는 다소 완곡하게 표현하여 내셔널 지오그래픽 기자처럼 임하라고 당부한다.

종군기자는 총알 대신 카메라에 메모리를 끼워 넣고서 목숨 걸고 사실을 찍는 사람이다. 과연 그 이유가 높은 생명수당 때문일까. 아프리카와 아마존 정글에서 치명적인 독과 매서운 이빨을 가진 동물들의 위협을 무릅쓰고 사진을 찍는 작가들은 재미만으로 그 일을 하는 걸까. 그들의 내면에는 어떤 치열함이 있을까. 그들의 감각기관은 일을 하는 동안 어떤 상태에 있을까. 시장조사는 관광이 아니다. 시장조사는 마케터의 소명이 시작되는 지점이며 혁신으로 가는 단초다.

시장조사 여행은 대개 길어야 한 달 이내, 보통 일주일에서 10일 정도에 이루어진다. 실제로 그 시간 내에 성공할 만한 아이디어를 찾는 것은 거의 불가능하다. 불가능한 시간에 필요한 것을 찾아내야 하는 임무이기에 물불 가리지 않고 뛰어다녀야 한다.

회사에서 나는 직원들에게 농담 반 진담 반으로 출발 한 달 전부터는 운동을 해 두라고 말한다. 하지만 누구도 실천하지 않는다. 6일 출장을 위해 한 달 전부터 운동을 하라는 게 납득이 가지 않기 때문이다. 그러나 아침 8시에 시작해 저녁 9시 정도에 끝나는 시장조사를 하고 나면 체력이 왜 중요한지 온몸으로 이해하게 된다.

이 부분에서 항상 듣는 질문이 있다. '그렇게 시간이 없으면 시간을 넉넉하게 잡으면 되잖아요?' 그런데 시장조사의 궁극적인 목적은 앞서 말한 대로 다르게 보는 법과 새롭게 보는 법을 배워서 그동안 한국에서는 볼 수 없었던 것을 새롭게 창조하기 위한 것이다. 경험상 이런 혁신적인 성과를 이끌어내기 위해서는 극한적인 상황과 위기가 필요하다. 관광객에게 자신이 본 것을 가지고 사업계획서나 비즈니스 전략서를 쓰라고 하면 황당해 할 것이다.

하지만 시장조사는 사업계획서와 전략서의 근간을 이루는 것이다. 오랜 시간 본다고 잘 보는 것이 아니다. 집중해서 제대로 많이 봐야 한다. 긴 시간이 필요한 것이 아니다. 시장조사를 하면서 일주일이 지나자 현지에 익숙해져서 더 이상 아무것도 볼 수가 없었던 경우도 있다.

시장조사는 어렵다

한국에 처음 온 노르웨이 사람이 한국을 알기 위해 서울에서는 어디를 가야 하는지 묻는다면 어디로 안내해야 할까. 대개 인사동과 용인민속박물관, 한강 유람선, 홍대 앞, 남산타워, 남대문, 그리고(뜬금없이 나오는) 이태원, 이 정도일 듯하다. 그런데 여기가 한국과 서울의 참 모습을 대변할까?

많은 독자들처럼 내 생각도 이와 다르다. 나는 먼저 그 외국인에게 서울의 무엇을, 한국인의 어떤 계층을 알고 싶은지 물어볼 것이다. 그리고 양재동 코스트코, 신사동 가로수길의 카페, 도산공원 근처에 있는 커피빈과 스타벅스, 낮 12시의 명동과 저녁 7시의 명동, 룸싸롱과 성형외과 특구라고 할 수 있는 압구정동과 신사동을 소개할 것이다. 강남 신세계와 명동 신세계의 차이점을 설명할 것이다. 한국과 서울은 같지만 다르고, 서울 시민도 모두 같고도 다르다. 한국과 서울 그리고 각 지역, 그 안의 우리 삶은 정말 얼마나 다양하고 이채로운가.

해외 시장조사나 배낭여행도 한국을 처음 찾은 노르웨이 사람이 겪을지 모를 실수처럼 전혀 엉뚱한 방향으로 흘러가 버릴 수 있다. 짧은 기간 풍경을 보기 위해 떠나는 런던 알기 여행, 유럽 알기 여행, 일본 알기 여행은 자신이 알고 있는 일부의 지식을 정리하거나 확인 혹은 첨가하는 효과만을 가져다줄 뿐이다.

어차피 여행을 할 거라면, 시장조사 방법을 여행에 적용해 보길 바란다. 여행이 더욱 풍부해질 것이다. 일생 동안 반드시 수많은 곳을 여행할 필요는 없다. 한 곳을 여러 번 가는 것도 좋은 일이다. 그리고 여러 곳을 다녀도 분명한 하나만을 찾는 것도 의미가 있다. 그리고 그 모든 여행의 순간에는 여행의 분명한 목적이 있어야 한다. 그 목적이 성과를 만들고 그 성과들이 모여 목적을 이룰 수 있게 하기 때문이다.

READ 순례자의 발견 7

새로운 비즈니스

2004년 4월 중순 한 양복 브랜드에 제안했던 비즈니스 모델을 런던에서 만났다. 중가 맞춤 양복 시장이라는 개념으로 클라이언트에게 제안했던 모델이다. 터번을 쓴 사람들이 매장 입구에서 계속해서 옷을 만들고 있는 모습은 명품 브랜드의 기본 조건인 핸드메이드 콘셉트를 현장에서 연출해내고 있었다. 1999년에 제안했던 아티스트 전사티 판매숍을 보았다. 우리나라에서는 이미 웹에서 활발하게 진행되고 있지만, 이와 같은 아티스트 컬렉션 개념의 매장은 아직까지 보지 못했다.

순례자의 발견

출장 전에 머릿속에 그려 놓았던 브랜드를 만났다. 하늘 아래 더 이상 새로운 것은 없다는 말은 사실인 듯하다.

순례자의 발견 8

미래의 브랜드를 찾아라

정중하게 부탁하면 기꺼이 촬영에 응해 준다. 간혹 돈을 요구하는 사람도 있긴 하다.

미래를 알고 싶을 때는 다양한 방법을 사용한다. 상상, 예감, 예측, 직관, 추측 등이다. 상상은 과거의 경험과 지식으로 하는 것이 아니라, 전혀 다른 감각과 지식을 통해서 펼치는 인간 고유의 능력이다. 상상력으로 상대성 우주론을 만들었던 아인슈타인을 비롯해서 상상력으로 그림을 그린 피카소까지, 우리가 흔히 말하는 천재들은 상상력을 사용하는 사람들이다.

시장조사 여행자의 궁극적 목표는 조사를 통해서 앞으로 벌어질 시장을 상상하는 것이다. 지금 보고 있는 사진들은 앞으로 만나게 될 새로운 트렌드나 브랜드가 될 수 있는 단초들이다.

빅토리아 시대에나 볼 수 있었던 여성의 속옷 콘셉트를 캐주얼로 변화시켜서 입은 사람들이다. 추측하기로 5만 명 중 한 명이 볼까 말까 한 미래의 코드로, 10일 동안 영국과 일본에서 본 사람들이다. 과연 이것이 한국에서 트렌드가 될 수 있을까.

친절한 직원, 산뜻한 포즈

1, 2 일본에서 만난 런던 트렌드

3, 4, 5, 6 런던에서 본 미래 코드

5
도시의 여신의 자궁, 런던 속으로

 내게 런던은 '도시의 여신의 자궁'이다. 중심 도시, 수도라는 뜻의 메트로폴리스(metropolice)는 두 개의 단어로 나눌 수 있다. 그 하나인 지하철, 도시라는 뜻의 메트로(metro)는 자궁이라는 의미도 있다. 폴리스(police)의 어원이라 할 수 있는 폴리에우스(polieus)는 도시의 여신이다. 그래서 메트로폴리스는 '도시의 여신의 자궁'이라 해석된다. 나는 런던이야말로 진정한 메트로폴리스, 도시의 여신의 자궁이라 믿는다.

 엘리자베스 여왕 때문만이 아니다. 런던을 숭배해서도 아니다. 그것은 내게 런던이 끊임없이 무언가가 만들어지고 탄생하는 곳으로 인식되어 있기 때문이다. 내 머릿속에 무언가를 만들어 집어넣는 곳으로 기억되기 때문이다. 총리에 의해서가 아니라, 750만 명 중에 250만 명을 차지하는 어마어마한 외국인 거주자들에 의해 런던에서는 문화와 상품, 상징과 이야기들이 끊임없이 쏟아져 나오고 있다. 마치 여신이 끊임없이 자식을 생산해내듯, 런던에서는 무언가 가장 새로운 것이 계속 태어나고 있다.

런던의 지하철은 과거, 현재 그리고 미래가 엉킨 지하세계다.

런던은 페이지마다 사람들로 가득한 살아 있는 거대한 백과사전

-헨리 제임스(미국 소설가)-

런던에 싫증 난 사람은 인생에 싫증이 난 것이다.
런던에는 인생이 제공할 수 있는 모든 것이 있기 때문이다.

-S. 존슨-

런던의 첫인상

히드로 공항에서 처음 대면하는 런던은 한마디로 구질구질하다. 모두 낡았고 이것들을 뜯어고치는 공사가 여전히 진행중이다. 인천국제공항의 깔끔하고 세련된 감각을 누리다가 어느 순간 도착한 히드로 공항의 충격은 내가 왜 여기 왔을까 하는 후회까지 들게 한다.

이때 중요한 건 계절인데, 만약 더운 여름에 왔다면 에어컨도 없는 버스, 지하철, 택시(가끔 에어컨 없는 택시도 있다)로 인해 그 충격이 배가 된다. 내가 좋아하는 런던은 5월과 10월. 특히 내가 처음 런던을 만난 때가 10월이기에 런던의 이 시기는 남다르게 느껴진다. 하지만 당시 히드로 공항의 환경 미화 상태(상대적으로 지금은 공사를 거의 끝냈다고 할 수 있는 편)는 끔찍했었다.

택시나 버스를 타기 위해 공항 건물에서 빠져나가자마자 영화에서 보았던 중절모자처럼 생긴 영국 택시와 이층버스가 '영국스러움'을 한꺼번에 느끼게 하며 다가온다. 최근에는 시간 절약을 위해서 지하철로 이동하지만 독자가 첫 번째 영국 방문이라면 코치(coach)라는 시내 직행 버스를 타는 것도 좋다. 돈이 아주 많다면 택시도 좋겠지만, 시내까지 10만 원이 넘는 택시비는 살인적이다. 내가 런던에서 택시를 탈 때는 런던을 처음 방문한 클라이언트와 동행할 때다. 클라이언트에게 살짝 '맛'만 보여주기 위해 기본요금 거리를 탄다. 이층버스도 시내에서 얼마든지 탈 수 있기 때문에 굳이 탈 필요는 없지만 런던의 첫 느낌을 제대로 받기 위해서는 이층버스를 타고 1시간 동안 책과 삽화에서 보았던 런던의 풍경을 즐기면 좋다.

런던 시내로 들어서면 거기는 영국이 아니다. 좀 애매한 표현이지만 미국의 뉴욕과 같다. 런던과 뉴욕의 거리에서는 백인들이 활보하고 다닐 것 같지만, 실제로 거리에 나서 보면 한꺼번에 100여 종의 다양한 피부색과 언어를 접하게 된다. 세계의 수도인 양 다양한 인종을 런던 시내에서 다 만날 수 있다. 750만 명의 런던 사람 중에 1/3이 이민 온 사람이고, 런던에서는 300개의 언어가 사용된다고 한다. 런던에 도착해서 영국적인 것, 유럽적인 것을 찾으면 건물 모양뿐이고 간판을 비롯해 모든 상점들은 말 그대로 다국적이다. (그래서 보물섬이다.)

런던은 말 그대로 이민도시다. 19세기 런던항은 세계에서 가장 컸다.

각국 특산물이 영국으로 들어왔다. 그중 가장 활발했던 것은 중국의 차. 중국에서 첫 번째로 수확한 차를 실은 배들이 런던에 도착했다. 물론 중국 사람도 같이 들어왔다. 런던 소호에는 차이나타운이 있다. 그 후 세계 대전을 피해서 들어왔던 유대인, 영국의 식민지였던 인도에서 온 인도인, 아랍에서 밀려온 아랍인들로 런던은 채워져 왔다.

히드로 공항도 인도의 펀자브 지방에서 온 노동력으로 지었다. 시크교도가 왔을 때 런던의 버스 체계와 지하철 네트워크가 만들어지고 의료 서비스도 시작되었다. 런던의 경찰과 택시 운전사들은 대부분 백인이다(뉴욕과 달리). 런던의 택시 기사가 되기 위해서는 4년 동안 교육을 받아야 한다.

런던은 특별하게 진화된 도시다. 그 자체에 유럽의 볼거리가 모두 모여 있다. 크고 작은 박물관과 미술관이 200여 개가 넘고, 극장만도 50여 개가 넘는다. 반면 백화점은 고작 10개 내외. 아침 10시에 종로2가처럼 생긴 옥스포드 스트리트에 나가 보면 크리스마스 전날의 명동처럼 많은 사람들로 북적이는 것을 확인할 수 있다. 그 무리의 상당수가 관광객이다.

런던은 로마시대로까지 거슬러 올라가는 오래된 도시다. 비록 2차세계대전에서 독일의 공습으로 파괴되었지만, 1066년 노르만족이 상륙한 이래 외세에 점령당한 적도 없다. 그래서인지 오랜 역사의 흔적이 고스란히 남아 있는 편이다. 문학과 철학에 조예가 있다면 셰익스피어가 저녁마다 다녔던 산책길, 헨리 8세가 좋아했던 템스강의 강길, 칼 마르크스가 깊은 상념에 빠져 걸었던 길을 직접 느껴 볼 수 있다. 그들이 자서전과 책에 남긴 문장들을 떠올려 보면서.

런던에서 런던다운 것을 찾기란 오히려 어려운 일이다. 세계의 것들이 한 곳에 모여 있는 곳이 런던이다.

런던에는 로마시대의 건축물이 거의 남아 있지 않다. 그나마 타워 힐(Tower Hill)에서 로마 시대의 성벽을 어렴풋 볼 수 있고, 빅토리아 여왕 거리에 있는 미트라 사원(Temple of Mithras)에서 그 흔적을 조금 느낄 수 있을 뿐. 런던의 건물은 대부분 계획에 의해서 세워졌고, 각각 그 의미와 기능을 가지고 있다.

런던의 고딕 건축물 중 가장 훌륭한 작품은 웨스트민스터 사원에 있는 화려한 헨리 7세의 예배당이다. 이것은 그의 아들인 헨리 8세에 의해서 완성되었다. 그리고 튜더 왕조는 계속 성장하며 런던에 많은 건축물을 세웠다.

2차세계대전 때 많은 건물들이 폭파된 이후 1950년대와 60년대에 빠르고 저렴하게 도시를 재건해야 했기에 실용주의자들이 등장했다. 런던에서 고층 빌딩을 보기는 쉽지 않다. 세계 도시로서 뉴욕과 대별되는 차이점 중 하나다.

만약 공항에서 런던 중심가로 들어오기 위해 지하철을 탄다면 히드로 공항에서 받았던 허름함에 대한 충격의 세 배쯤 되는 충격을 한 번 더 받을 것이다. 지하철만 보면 우리나라가 세계 최고의 문명국이라는 착각이 들 정도다. 하지만 지하철의 역사와 기능을 알게 된다면 그 지하철이 다르게 보일 것이다. 런던의 지하철은 세계대전 때 방공호로 쓰였다. 그래서 그 깊이가 (느낌상) 지하로 50미터는 더 들어가는 것 같다. 어떤 곳은 지하벙커 같은 곳도 있다. 영국의 많은 것들에는 이처럼 스토리가 있다.

런던의 낡은(old) 것과 날(raw)것

서울의 콘셉트는 일관성이다. 비슷한 간판, 비슷한 건물, 비슷한 사람들과 비슷한 상품들. 백화점에 가서 한 바퀴 돌아보면 눈에 띄는 이름이 다른 여러 브랜드들도 대개 하나의 같은 브랜드처럼 느껴질 것이다. 우리는 돈 되는 것에 빠르고 확실하게 움직이는 속성을 가지고 있는 듯하다. 몰려다니기의 명수다. 노래방이 돈 되면 모두 노래방, PC방이 돈 되면 모두 PC방, 영화도 전 국민이 함께 보고, 드라마도 온 가족이 함께 본다. 트렌드를 이용하는 마케팅 쪽에서는 한편으론 쉬운(?) 민족이고, 콘셉트와 독창성에 목숨 거는 마케팅 쪽에서는 좀처럼 움직이기 어려운 민족이다. 여하튼 다(多) 브랜드, 무(無) 콘셉트는 우리나라 시장에서 살아남는 일종의 생존방식 가운데 하나가 되었다.

런던은 비행기 주행거리만큼이나 서울의 콘셉트와 큰 차이가 있다. 이유는 런던이 다민족, 다문화 사회이고 통합적인 글로벌 마인드를 가지고 있어야만 살 수 있는 곳이기 때문인 듯하다. 서울에서는 처음 만난 사람도 학교는 어디? 회사는? 혹시 누구 아세요? 정도 하다 보면 그 사람을 대강 알 수 있다. 하지만 런던에서 만나면 어디에서 왔느냐에서 시작해서 어머니는 어느 나라 사람이고 아버지는 어느 나라 사람인지, 그리고 각각의 조상이 누구였는지까지 알아야 한다. 다민족이 섞여 있는 바탕 위에 런던의 전통과 세계의 전통, 런던 것과 런던 것이 아닌 것, 런던스러운 것과 런던스럽지 않은 것이 융합되어 있다. 극단의 것들이 런던 안에 공존하면서 각각 자신의 자리를 지키고 있다. 그래서 런던에서 시장조사 할 때는 어떤 것이 런던스러운 것이고, 어떤 것이 그렇지 않은 것인지 분

런던 리뉴얼 공사의 목표는 런던을 날것과 낡은 것이 조화를 이루는 도시로 만드는 것이다.

글로벌 브랜드도 런던에 있으면 런던스럽다.

별해내는 것이 필요하다. 뒷장에서 소개할 포토벨로, 캠든 마켓, 브릭 레인은 극과 극을 모두 볼 수 있는 좋은 시장이다.

이처럼 런던은 미래와 과거, 런던과 비런던, 예술과 상업, 백인과 유색인, 민주주의와 여왕, 관용과 고집, 전통 수구와 실험정신이 공존하고 있다. 이런 관점에서 런던의 특이점과 규칙을 찾아야 한다. 여행자는 눈에 보이는 것이 '잠시 유행'인지, '최신 유행'인지, '런던으로 토착화'된 것인지 분별해내는 것이 필요하다.

런던은 올드(old)하다. 하지만 그 올드한 것이 낡은 것이 아니라 문화와 콘셉트를 가지고 도시 전체를 브랜딩하고 있다. 빌딩마다 박혀 있는 스타벅스도 미국스럽지 않고 런던스럽다. 런던에 있으면 한국 식당도 런던스러운 느낌을 준다. 분명 뉴욕 맨해튼 34번가 코리아타운에 있는 한국 식당은 명동 먹자골목의 가게스럽지만 런던의 한국 식당은 다르다. 런던 중심가에 있는 한국 식당도 런던에 있는 다민족 식당 같은 느낌을 준다.

물론 전혀 런던스럽지 않은 브랜드도 있다. 바로 미국 브랜드다. 패션 브랜드 갭과 아베크롬비 앤 비치, 애플 대형 매장은 그 위용만으로 런던을 미국의 맨해튼으로 바꾸어 버린다. 물론 가장 런던스럽지 않은 매장도 런던스러움을 알기 위해서 꼭 들러 보는 것이 좋다.

런던의 날(raw) 것. 런던화되지 않고 고유하게 자신의 모습을 유지하는 것과, 본래부터 런던 고유의 모습을 띠고 있는 것이 있다. 후자를 런던의 오리지널이라 말할 수 있는데, 그렇다고 해서 '버버리'가 런던의 오리지널은 아니다. 버버리는 런던 브랜드지만 글로벌 브랜드이며 런던 사람들이 버버리를 입는 건 좀처럼 보기 어렵다. 물론 런던의 훌리건에게 버버리는 정통성의 상징 코드다.

어느 도시나 의도적 보존과 전략적 변화라는 방침 아래 놓이게 마련이다. 런던을 보면서 어떤 것이 보존되어 온 것이고 어떤 것이 변화되어 온 것인지 구분하기란 쉽지 않다. 신사역의 가로수길 탄생은 서울시의 전략일까, 문화일까? 아니면 도시의 진보일까, 브랜드의 진화일까? 빌딩주들의 상술일까? 세입자들의 예술일까? 결론은 알 수 없다. 그냥 겉모습을 보면 변화의 방향과 과정을 통해서 코드만을 파악하거나 상상할 뿐이다.

런던 코드

런던 하면 떠오르는 여섯 개의 이미지가 있다.

첫째는 '유머'다. 런던은 지루하지 않다. 도시의 건물은 한 시간 정도 보면 외관이 비슷비슷하기 때문에 지루할 수도 있지만 지하철, 버스, 매장의 윈도우, 알림판들을 보다 보면 그들의 표현 방식과 아이디어가 재미있어 절로 기분이 유쾌해진다. 화장실 앞에 있는 체중계를 비롯해서 관공소의 홍보판까지도 모두 유머로 덧칠되어 있다.

'전통'은 런던이 절대로 양보하지 않을 그들만의 보루와 같은 것이다. 빨간 우체통처럼 런던에는 절대 변화하지 않는 것이 있다. 그 이유를 물어보면 대개 '몰라요' 혹은 '원래 빨간색입니다'라는 대답을 듣게 된다. 런던을 잠시 다녀왔다고 해서 런던에서 이루어지고 있는 전통화의 움직임을 읽기는 힘들다. 다만 전통은 그들에게 양보나 타협의 대상이 아닌 절대적 가치를 함의하고 있는 그 무엇인 것만은 확실해 보인다. 영국 사람이 양보하지 않는 것은 무엇일까? 의외로 런던에서 살고 있는 사람들은

런던의 일상 예술은 FUN이다. 즐거움을 통해서 기억시킨다.

변화를 감지하지 못한다. 하지만 10년 동안 런던을 시장조사 했던 나는 런던의 변화에 대해서 비록 추상적인 정의지만 한마디로 말할 수 있는 것이 있다. 런던은 '지키는 용기와 버리는 지혜'가 공존하는 도시다.(이제 런던을 돌아보면서 이 말의 의미를 꼭 확인해 보시길.)

　런던 하면 떠오르는 '혼혈'이라는 단어는 혼혈민족이 많다는 의미만이 아니다. 말 그대로 '피가 섞였다'는 의미다. 이주민들은 런던스럽지 않은 자신의 특이점을 런던화된 특이점으로 발전시킴으로써 런던에 귀착하려고 한다. 이런 현상은 구체적인 상품이 되어 거리의 매장에 진열된다. 이것이 가능한 이유는 런던이 관광도시이기 때문이다. 관광도시에는 이국적인 상품이 필요하다. 런던에 온 여행자가 런던에서 가장 이국적인 상품을 사고 싶어 한다는 것이 한편으론 말이 되지 않는 것 같지만, 우리는 대개 그런 태도를 취한다. 런던에서는 어느 나라에서도 속하지 않을 것 같은 돌연변이들이 곳곳에서 모습을 드러내 놓고 있다.

  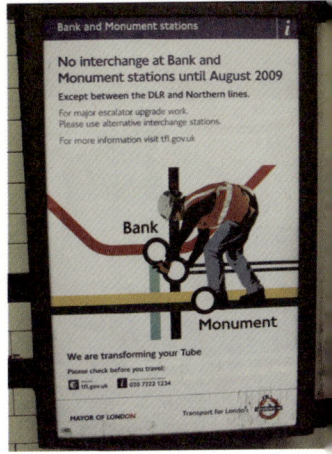

'공사중'. 런던은 공사중이다. 100미터 건너 공사중이고 건물마다 공사중이다. 무엇을 고치는 것인지 확인하는 것도 의미가 있다. 무엇을 무엇으로 어떻게 바꾸고 싶어 하는가에 그들의 욕망과 고민이 숨어 있다. 그들 대다수 공사의 목표는 복원인 듯하다. 10년 전부터 계속 고쳐 왔지만, 무엇을 고쳤는지 쉽게 파악되지 않는 런던은 지금도 공사중이다.

'컬렉션'은 런던의 힘이다. 매장마다 자신의 상품에 걸맞는 다른 상품을 모아 두고 있다. 옷가게 안에 작은 서점이 있거나, 식당 안에 장난감이 놓여 있다. 일단 효율성을 따지고 보는 우리 입장에서는 팔리지 않을 것 같은 상품을 왜 전시했을까 하는 안타까움이 들 정도지만, 이것이 런던의 브랜딩 원천이다. 대형 서점도 있지만 지도만 있는 서점, 대본만 있는 서점 등 한 가지 콘셉트로 전세계 상품을 모은 서점도 있다. 컬렉션에는 스토리가 있다. 런던의 매장에서는 그들이 컬렉션을 통해 무엇을 말하려 하는지 귀도 쫑긋 세워 들어 봐야 한다. 그들의 컬렉션은 작은 박물관과 갤러리 같다는 느낌을 준다.

향수가스? 개인적으로 가장 마음에 드는 런던 코드는 유머다.

끝으로 '착란'이다. 일본처럼 좌우가 바뀌었다. 뉴욕이나 서울보다야 심하지 않지만 간혹 런던의 험악한 운전자들에게 좌우를 분별하지 못하고 길을 건너다가 욕을 먹어서 영국에 대한 이미지가 그날로 반감될 수도 있다. 영국의 멋진 남성도 '남성'으로만 여겨서는 안 된다. 런던에는 남성, 여성, 중성, 이렇게 세 성이 공존하고 있다고 봐야 할 정도로 게이가 많다. 영국의 쿨가이들은 대부분 게이라는 말이 있을 정도다. 특히 런던 소호의 게이 펍(pub)을 지나가면 정말 그럴 수도 있겠구나 하는 생각이 든다. 런던에 들어가면 런던의 광고판에는 뮤지엄, 갤러리, 뮤지컬 광고가 실려 있다. 거대한 놀이동산 혹은 테마 파크에 온 것으로 착각하게 만들 정도로 도시 전체가 전시와 공연중이다.

런던의 느낌을 콘셉트화해 보는 것은 런던을 몇 가지로 정형화시키거나 자신만의 틀로 빠르게 보기 위한 것이 아니다. 런던을 결(wave)을 따라 바라봄으로써 보다 빠르게 효과적으로 보려는 것뿐이다. 시장조사 여행은 도시의 결, 시장의 결, 욕망의 결을 읽는 것이다.

앞서 말한 런던 하면 떠오르는 단어도 오감을 통해 느끼는 개인적이고 주관적인 여섯 개의 결일 뿐이다. 다양한 더 많은 결이 있고 내가 느끼지 못하는 결도 분명히 있다. 이 여행의 묘미는 결을 느끼는 데에도 있다. 계획만 있고 결이 없는 무미건조한 산업도시나 계획도시와 달리 런던에는 다양한 결들이 생동감 있게 움직이고 있다.

런던 컬러

런던 하면 떠오르는 컬러는 네이비(곤색)와 레드(빨간색)다. 가장 많이 보이는 포인트 컬러다. 런던 도로는 허가 및 제한 도로이기 때문에 차를 가지고 있다고 해서 모두 런던 시내 중심부로 들어오지는 못한다. 그러다 보니 가장 많이 보이는 컬러는 빨간색 이층버스와 검정색 택시들이다. 너무나 규칙적인 컬러의 움직임 때문에 호텔 위에서 그 모습을 지켜보고 있노라면 마치 적혈구들과 알 수 없는 세포들이 열을 지어 혈관을 순차적으로 척척 지나가는 것 같다.

빌딩은 대부분 대리석 컬러고, 주홍빛 벽돌집도 간혹 보인다. 간판은 화려하다. 형형색색이다. 우리나라에서 자주 눈에 띄는 노란색이나 형광색 판에 빨간색 글씨를 사용한 간판은 거의 없다. 대부분 규격 사이즈에 나름대로 힘을 주어 디자인해서인지 그 모습이 마치 거리의 꽃처럼 보일 때도 있다.

한편 런던의 컬러는 흑백이기도 하다. 처음 런던에 도착했을 때는 마치 한국의 어린이집처럼 노란 집과 파란 집, 초록 집을 보면서 유치하다는 생각이 들었다. 하지만 지금은 그런 색깔은 보이지 않고 모두 흑백으로 보인다. 런던 컬러는 볼 때마다 다르고, 눈을 감으면 다르고, 갈 때마다 다르게 느껴지는데, 그러면서 무엇보다 흑백사진이 가장 잘 어울리는 곳이다. 런던을 흑백사진으로 찍으면 1950년대 유럽의 느낌을 그대로 맛볼 수 있다. 런던은 흑백이 어울리는 도시다.

여행지에서는 지저분한 풍경도 멋스러워 보인다. 여행에 취해 있기 때문이다.

5장. 도시의 여신의 자궁, 런던 속으로

런던의 간판은 예술과 역사의 지표다.

현실이 컬러라면 흑백은 현실의 왜곡이다. 컬러가 시각을 자극한다면 흑백은 상상을 자극한다. 런던에 흑백이 어울리는 것은 왜곡, 상상, 주관적 느낌, 멋스러움을 담기에 적당하기 때문이다.

시장조사 여행에서 유의해서 보아야 할 것 중 하나는 컬러다. 런던의 컬러는 형형색색이다. 서울에서는 거의 볼 수 없는 컬러가 런던의 매장과 간판, 광고에서 사용되고 있다. 분홍 택시(여성 전용)도 있고, 빨간 대문(소방소가 아니다)도 자주 보이고, 개나리보다 더 노란 노란색 담벼락, 초록색 다리도 있다.

컬러는 처음 볼 때는 이채롭게 느껴지지만 쉽게 익숙해진다. 그러다 보니 나도 런던 하면 이제 흑백으로 인식된다. 일종의 '런던색맹'이다.

컬러의 진수는 간판에서 드러난다. 컬러와 디자인을 공부하는 사람에게 런던의 간판은 많은 영감을 준다. 파사드라 불리는 매장 외벽의 간판보다는 스케치북 사이즈의 돌출 간판이 더욱 매력적이다. 콘셉트, 컬러, 상징, 상품, 원산지를 비롯해 전통과 역사가 그 안에 담겨 있다. 마케팅 상상력을 훈련하고 싶은 사람은 매장 윈도우를 보기 전에 돌출 간판만을 보고 그 매장에서 무엇을 파는지 짐작해 보는 연습을 해 보면 직관력을 키우는 데 도움이 될 것이다. 런던의 상징을 읽어내는 능력을 키우다 보면 자기만의 상징도 창조할 수 있다.

런던의 예술

런던에서 예술을 접할 수 있는 곳은 크게 세 곳이다. 갤러리, 상점, 그리고 거리. 갤러리에서 전시회를 하면 백화점과 상점은 그것을 응용해서 재해석한 상품을 작품과 함께 보여준다. 거리에서는 그것이 낙서로 혹은 그것에서 영감을 얻은 상징물로 표현되곤 한다.

거리에서 만나는 런던의 예술은 조각과 상징, 낙서로 이루어져 있다. 대단한 의미까지 부여하며 감상할 필요야 없겠지만 어떻게 활용하고 있는지는 눈여겨볼 필요가 있다. 신호등, 알림판, 게시판, 외벽과 상점의 윈도우를 통해 보여지는 그들의 행위예술은 여행의 즐거운 감상 포인트다. 특히 윈도우, 정확히 말해 백화점과 브랜드 매장의 윈도우에 표현된 그들의 예술은 단순한 감상 수준을 뛰어넘는다. 가슴으로 전해지는 그들의 윈도우 예술은 감동을 주는 경우가 많다. 나는 그것들을 기억하려고 애쓴다. 하라주쿠 윈도우, 맨해튼 윈도우, 런던 윈도우 가운데 가장 독보적인 것을 꼽으라면 (시즌에 따라 약간 다르지만) 나는 주저 않고 런던 윈도우를 꼽을 것이다.

첫 느낌은 '와, 돈 많이 들었겠다!'인 경우도 있지만, 시장조사 여행의 목적이 의도와 표현의 발견인 만큼, 윈도우를 볼 때는 그들이 무엇을 표현하려고 한 것인지 확인해 보면 좋다. 상품과 윈도우, 브랜드와 윈도우에 대해 매장 직원들에게 과감히 질문해 보거나(물어보면 직원들도 그 의미를 잘 모를 때가 많다), 홈페이지에 들어가서 메시지를 파악해 보면 좋다. 그랬을 때 돈보다 머리를 쓴 것을 알 수 있다. 자신의 작품을 설명하기 위해서 철학과 예술 그리고 모든 상징과 비유를 섞어 가면서 셰익스피어처

럼 고뇌했던 흔적들을 확인할 수 있기 때문이다. 런던이 다른 어떤 도시에 비해 탁월한 점은 뮤지컬, 갤러리, 뮤지엄이 풍부하다는 점이다. 4박 5일을 다녀도 주요한 볼거리의 10퍼센트도 제대로 보기 힘들다. 그러다 보면 또 가게 되고 그것을 몇 차례 반복하다 보면 런던에 중독된다.

런던 사냥

유능한 사냥꾼은 사냥감을 쫓아다니지 않는다. 사냥감이 올 곳을 알고 그곳에서 기다린다. 시장조사에 나선 유능한 마케터도 도시를 헤매고 다니지 않는다. 가장 좋은 길목에 앉아 사냥감이 다가오기를 기다린다. 무작정 런던의 거리로 나선다고 해서 런던 사람을 제대로 탐색할 수 없다. 관광객과 방문객만 엄청나게 만나기 십상이다.

아침 출근시간인 7시부터 9시까지 런던의 지하철역 앞에 있으면 진짜 런더너를 만날 수 있다. 우리나라도 지하철 라인마다 그것을 이용하는 사람들의 성향과 계층이 다른 것처럼, 영국도 호선별로 라이프 스타일이 다르다. 추구하는 브랜드의 콘셉트를 염두에 두고 그것을 대표하는 지하철 라인을 적절히 탐색할 때 진짜 런더너들의 착장 스타일을 발견할 수 있다.

런던의 샐러리맨을 보기 위해서는 공원도 좋다. 점심 때 프레타망제(Pret A Manger)나 이트(EAT)라는 매장 앞에 서 있으면 런던 직장인들이 도시락(샌드위치와 샐러드)을 사기 위해서 줄을 선다. 그것을 들고 대부분 주변 공원에 앉아서 먹곤 하는데 이때도 진짜 영국인들을 충분히 탐색할 수 있다.

런더너들을 보고 싶다면 아침 7시부터 8시 사이에 지하철에 가 보면 된다.
9시 이후에 보는 사람들은 모두 관광객이다.

펍도 좋다. 가볍게 맥주를 한 잔씩 들고 나와 서서 마시며 수다를 떠는 영국인을 볼 수 있다. 하지만 영국을 느끼거나 적응하려는 사람들도 많이 애용하는 곳이기 때문에 그들을 모두 런더너라고 판단하면 안 된다. 백화점 식료품 코너도 관심을 가져 보면 좋다. 5시 이후에 오는 상당수는 저녁 준비를 하려는 런던 사람들이다. 나는 한곳에서만 런더너를 조사하지 않는다. 이 모든 장소를 다 돌아본다. 각각의 다른 점과 같은 점을 찾아가다 보면 그 사이에 있는 여러 모습의 런더너를 만날 수 있다.

식료품 패키지와 유리창 로고, 신문에 박힌 심벌, 다른 사람들의 옷에 붙은 로고, 거리에 붙어 있는 광고, 서점에 쌓여 있는 잡지, 저마다 들고 다니는 가방, 지하철과 거리 담벼락에 표현된 이해할 수 없는 그림들…. 런던에는 인류학자나 고고학자부터, 생물학자나 문화탐험가, 그리고 산업 스파이까지 그 누가 와도 건져(훔쳐?) 갈 것이 많다. 널려 있고 박혀 있고, 새겨져 있다. 찾고 싶은 것이 무엇인지만 정확히 알고 있다면 성공률은 배가 된다.

순례자의 발견 9

런던의 의미

런던에 처음 도착하면 LONDON이라는
단어와 마주치게 된다.
ON은 '켜져 있다'는 의미로
해가 지지 않은 영국,
불이 꺼지지 않는 런던,
늘 깨어 있는 도시를 의미한다.
런던에 머무는 동안 이 의미를 직접
느끼게 될 것이다.

Get London Reading

Waterstone's. *What's your story?*

순례자의 발견

...AYOR OF LONDON

...nes

...rcle or District

FILM LONDON

In association w...

SUPPORTING FILM-MA...

LONDON

TOTALLY LONDON
www.visitlondon.com

순례자의 발견

순례자의 발견 10

런던
브랜드를

순례자의 발견

찾아라

태극기가 하나의 브랜드로서 비즈니스를 하는 사람에게 존중받던 시절이 있었다. 바로 2002년 월드컵 기간이다. 흔히들 애국심 마케팅을 제품에 자신이 없는 마케터들이 민족 감정에 호소하는 저급 감성 마케팅이라 치부하곤 한다.

하지만 조금만 더 인식의 범위를 넓혀 본다면 브랜드의 나라 런던에서조차 국기가 최고의 브랜딩 요소라는 걸 깨닫게 될 것이다. 버버리에서 길거리 머그컵까지 영국의 국기는 강력한 브랜딩 요소로 사용되고 있다.

순례자의 발견

코스별로 떠나는 성지순례

6

마케터의 여행 코스는 효율성, 교통비, 시간 등을 고려하지만, 그 모든 것은 결국 목적 달성을 위해서 재설계된다. 같은 곳에 이미 세 번을 갔더라도 테마와 목적이 다르다면 다시 간다. 각각의 관찰 포인트가 섞이지 않도록 하기 위함이다. 여행지에 도착하면 여행자의 몸은 힘들게 마련이다. 배고프고, 졸리고, 피곤하다. 당연히 한번 가는 김에 몇 가지 테마를 묶어서 탐사하고 싶어진다. 택시로 움직이거나 볼 것만 보고 싶어진다. 그러나 이것은 코스 요리를 시켜 놓고서 배고픈 김에 먼저 나온 빵으로 잔뜩 배를 불려 버리는 격이다. 코스 요리를 즐기듯 시장조사 코스도 맛을 음미해야 한다. 하지만 처음부터 그 맛을 음미하기란 쉽지 않다. 한꺼번에 다가오는 수많은 것들 앞에서 당황하게 된다. 이런 때는 방향을 잘 잡아야 한다. 삶에서도 속도보다 방향이 더 중요한 것처럼 마케터의 여행에서도 코스(방향) 결정이 중요하다.

몇 가지 코스

1번: 박물관 → 갤러리 → 백화점 → 거리 상점 → 시장

2번: 시장 → 거리 상점 → 백화점 → 갤러리 → 박물관

3번: 런던 브랜드에서 글로벌 브랜드로

4번: 글로벌 브랜드에서 런던 브랜드로

5번: 명품에서 저가로

6번: 거리 조사

7번: 서점 조사

7번 서점 조사를 제외하고 여섯 개 코스 모두 이 여행의 두 가지 목적을 염두에 두고 짠 것이다.

첫째는 런던의 패턴(시장의 특이점, 질서, 문화, 트렌드)을 읽기 위한 것이다. 순수에서 상업, 럭셔리에서 길거리, 고가에서 저가, 고소득 대상 브랜드에서 저소득 대상 브랜드 등이 어떻게 펼쳐지고 있으며, 그 과정에서 어떤

변화와 수정이 일어나고 있는지 읽어 보는 것이다. 런던 사람이나 서울 사람이나 경쟁 방식은 비슷하다. 모방을 통한 창조는 전 세계 모든 시장에서 비슷한 형태로 일어나고 있는 일종의 생존 기술이다. 강한 수컷과의 짝짓기, 약육강식 같은 정글의 법칙은 인간의 시장에서도 똑같이 일어난다. 누가 누구의 것을 카피하거나 응용했는지, 그 과정에서 영향력이 강화되었는지 본질 훼손으로 위기를 겪고 있는지 등의 흐름을 읽어내는 데 앞의 코스가 유용하게 사용될 수 있다. 런던에서 어떤 것이 트렌드가 되고 어떤 것이 상징화되고 있는지를 다양한 형태의 시장을 옮겨 다니면서 읽어내는 것은 여행을 더욱 의미 있게 해 준다.

둘째, 런던의 것과 런던의 것이 되어 가는 것, 또는 런던의 콘셉트와 너무 달라서 런던에서 존재하는 것을 찾기 위한 것이다.

런던에는 300년 이상 혹은 적어도 100년 이상 모습이 그대로 유지되고 있는 것들이 있다. 지하철, 타탄 체크 무늬, 버버리, 문장, 버스 등은 내가 태어나기 전부터 그곳에 있던 것들이다. 반면 런던에는 없었지만 외부에서 들어온 사람들이 만들어낸 런던의 것으로 되어 가는 것이 있다. 대표적으로 패션 브랜드 폴로나 해러즈 백화점 같은 것인데, 하나는 유대인에 의한 것이고 다른 하나는 아랍인에 의한 것이다. 영국인이 아닌 사람이 영국 브랜드를 만들어낸 경우다. 최근 영국에 가면 유독 눈에 많이 띄는 것이 일본 브랜드다. 그 가운데 무인양품은 서양인(런더너라고 말하기 어렵다)이 아주 좋아하는 브랜드다. 주고객이 정확히 누구인지는 모르겠지만 일본 브랜드 무인양품처럼 전혀 런던 혹은 영국스럽지 않은 것들이 런던에서 승승장구하고 있다.

여섯 개의 시장 코스와 일곱 번째 특별 코스를 돌면서 런던에 존재하는 이 세 가지 시장이 어떻게 상호보완과 독립의 관계에 있는지 파악해 보면 좋다. 그 속에 런던의 특징과 매력이 있다.

1 작품과 상품이 공존하는 런던의 박물관

박물관을 먼저 볼까, 아니면 박물관을 마지막에 볼까? 목적에 따라 다르긴 하지만, 박물관을 먼저 보는 게 유리하다. 시간 활용에도 좋다. 아침 10시에 문을 여는 박물관을 보는 것이, 대개 아침 11시에 여는 매장을 보는 것보다 시간이 절약된다. 또 아침부터 매장을 보고 있으면 점원에게 너무 '주목(?)'받아서 원하는 대로 살펴보기 힘들다.

하지만 시장을 먼저 살펴보고 나서 그것들의 토대가 되고 있는 문화를 접해 본다는 관점에서 여행을 하고자 한다면 박물관을 가장 나중에 봐도 좋다. 마지막에 박물관에 들르면 무엇보다 큰 감동을 느낄 수 있다. '아, 이래서 그랬구나' 하는 깨달음이 온다. 그러면서 오래 기억하게 되고, 깊이 이해하게 된다.

둘째, 시장 여행을 하는 동안 더 적극적으로 탐구를 하게 된다. 박물관을 보고 나서 시장을 보면 이해가 빠르지만 너무 쉽게 파악돼서 대충 보게 될 위험성이 있다. 시간이 없다면 박물관 먼저, 시간이 많다면 박물관을 마지막에 가기를 추천한다.

연간 8천만 명이 V&A를 비롯해 대영박물관, 내셔널 갤러리, 테이트 모던 등 영국에 있는 1,860여 개의 박물관과 미술관을 방문하고 있다. 국제적인 명성을 갖고 있는 이들 박물관과 갤러리는 대부분 무료입장이다. 비용도 걱정할 필요가 없는 만큼 지금 제시한 박물관은 반드시 들르는 것이 좋다. 디자인이나 기획, 마케팅 분야의 비즈니스를 하고 있다면 런던 안에 있는 100여 개의 박물관들을 시간이 허락하는 대로 모두 살펴보기 바란다. 어느 순간 그때 다녀간 어느 박물관의 기억이 꼭 필요한 영감과 지식이 되어 당신에게 큰 힘이 되어 줄 것이다.

전시장 먼저 보기, 전시장 나중에 보기

런던과 미국의 힘은 바리에이션(variation)이다. 별거 아닌 것 같은데도 특이하고 특별하게 만들어서 소중하게 보여준다. 특히 전시된 작품을 기념상품으로 만들어낼 때는 관광산업의 선수답게 그 디테일과 섬세함이 탁월하다.

런던 여행의 목표가 시장을 읽는 것인 만큼 마케터는 박물관에 가서도 시장을 보아야 한다. 특히 기념품 시장을 눈여겨봐야 하는데 가까운 친구에게 가볍게 선물할 전리품 이상의 의미가 가미되어 있다. 전시된 작품을 상품으로 만든 것 속에는 수많은 사람들의 발상이 숨어 있다. 최고 거장들의 큐레이터부터 수억 달러에 해당하는 작품을 제공한 사람, 유럽 최고의 관광 상품 마케터, 박물관 브랜드 매니저, 원작자, 작품 에이전시, 박물관장, 수천 개의 상품을 만들어 본 MD, 그리고 최종 생산업자까지 작품과 상품 사이에는 뛰어나고 까다로운 20여 개의 결제라인이 있을 것이다. 그들은 영국이나 유럽에서 최고로 인정받는 사람들이다. 전시장에 있는 작품이 대개 한 사람의 작가가 만든 것이라면, 기념품에 있는 상품들은 수십 명의 사람들이 지식을 총동원해서 만든 작품인 셈이다. 따라서 머그컵 하나를 보더라도 그들의 입장에서 작품을 상품으로 만든 의미를 살펴보면 더 많은 것을 발견할 수 있다.

전시장에서 작품을 볼 때 나는 무엇이 어떤 상품으로 재탄생했을까를 연상해 보곤 한다. 이것은 컵, 이것은 셔츠, 이것은 시계가 될 수 있겠는걸 하고 상상하면서 나름대로 다양한 물건을 만들어 본다. 나중에 기념품점에 들어가 상상으로 만들었던 물건과 실제 물건을 비교해 보면서 얼마나 어떻게 일치하는가를 확인하는 시간은 아주 재미있다.

이런 연습은 박물관 기념품 숍에서 끝나지 않는다. 진짜 게임은 거리로 나가 백화점과 로드숍을 돌아다니면서 이런 예술들을 어떻게 브랜드들이 소화했는지를 확인하면서 시작된다. 런던의 브랜드들은 예술을 브랜드에 녹이는 것을 당연시하고 있다. 그런 만큼 반드시 박물관에서 시장조사 적응 훈련을 하는 것이 필요하다.

전시장보다 기념품 숍을 먼저 볼 수도 있다. 먼저 기념품 숍에 들어가 상품 속에 담겨 있는 작품을 감상한다. 어떤 작품이 상품성이 높고 가치성과 편이성을 가지고 있는지 생각해 보면서 상품에 사용된 작품을 바라보는 것이다. 그러면서 상품을 통해 작품의 크기와 존재를 역으로 상상해 본다. 기념품이 된 작품은 대중성이 있거나, 박물관에서 자신 있게 내보이고 있는 것들이다. 박물관을 마지막 코스로 잡았다면 길거리나 백화점에서 보는 예술적인 상품들을 역으로 확인하는 여행을 하는 셈이다.

Victoria and Albert Museum

빅토리아 앤 앨버트 박물관 V&A (Victoria and Albert Museum)

www.vam.ac.uk | Cromwell Road, South Kensington, London SW7 2RL

이탈리아 르네상스식 건물로 1866년에 지어졌다. 미술품 박물관으로 빅토리아 여왕과 남편인 앨버트 공의 이름을 따서 빅토리아 앤 앨버트 박물관이라 부른다. V&A는 가구, 도자기, 그림 등 세계적으로 유명한 예술 작품 전시로 명성이 높아 연간 200만 명이 방문하고 있다. V&A는 영국 왕립박물관 중 하나로, 중세부터 근대에 걸친 유럽 미술뿐만 아니라 동양미술 작품까지도 광범위하게 소장하고 있다. 장식미술 공예 분야에서는 세계적 규모와 내용을 자랑하며 디자인 학도들이 많이 찾는 곳이다. 그 모체는 산업 박물관으로 혁신을 주제로 하는 현대 갤러리 성격이 강하다.

Victoria and Albert Museum

1 입구부터 웅장하게 분위기를 잡아 주는 샹들리에
2 악기로 만든 샹들리에
3 모던 럭셔리의 진수를 보여주는 샹들리에

건물 안에는 없는 게 없다. 비잔틴 컬렉션과 중세 유물, 종교적인 조각물 등 세계사 책에서나 보았던 것 같은 그림도 자주 눈에 띈다. 사전 지식이 없으면 그저 만물상처럼 보이는데, 이 박물관은 특이한 컬렉션 때문에 '알라딘의 동굴'이라고도 불린다.

박물관은 크게 두 개로 나뉘어 있다. 프라이머리 갤러리(Primary Galleries)는 여러 작품을 시대별, 스타일 별로 전시한 이른바 일반 취향의 컬렉션이고, 스터디 갤러리(Study Galleries)는 흥미 있는 분야를 좀 더 깊이 알아보기 위한 컬렉션이다.

중국관 근처 140여 평 남짓한 공간에 삼성그룹이 43만 파운드(약 6억 원)를 지원하여 1992년 12월 1일 유럽 사람들에게 한국을 알린다는 명분으로 한국실을 설치했다. 아직은 자료와 내용이 많이 부족한 편이다.

Victoria and Albert Museum

1 V&A 전시관 내부
2 V&A 입구
3, 4 V&A에서 전시하는 열쇠전
5 V&A 통로 전시관
6 V&A 전시관

6장. 코스별로 떠나는 성지순례

Victoria and Albert Museum

1 V&A 전시관의 공부하는 방
2 V&A 전시장에서 그림 그리는 학생
3 V&A 기념품 숍 전경
4 V&A 숍의 벽면 디스플레이
5 작품을 팔고 있는 V&A의 매장
6 V&A 기념품 숍
7 V&A 숍에서 전시되고 있는 작품

Victoria and Albert Museum

매주 금요일에는 야간 개장을 한다. 또 한 달에 한번 'Friday Late(금요일 저녁)'이라는 실험적인 종합예술 행사를 연다. 매달 마지막 주 금요일에 열리는 이 행사는 저녁 6시 반부터 밤 10시까지 이어지는데, 그 달에 열리고 있는 특별 전시와 관련된 주제로 전시관 곳곳에서 강연회, 영상물 상영, 퍼포먼스, 관람객 참여 행사 등이 펼쳐진다. 정문 입구에는 환영 리셉션이, 홀에는 임시 바가 설치된다. 이국적 문화에 푹 빠질 수 있는 멋진 분위기가 연출되는 곳으로 아직까지는 무료다.

V&A에는 과거와 미래, 전통과 실험, 작품과 상품이 공존하고 있다. V&A에 들어서면 런던의 영혼의 문 속으로 들어간 느낌을 받을 것이다. 런던의 핵이라고 할 수 있는 V&A에서 가장 세심하게 보아야 할 것은 '응용과 해석'이다. 어떻게 전통을 현대적으로 응용했는지, 어떻게 작품을 상품으로 승화시켰는지.

런던에서 심벌, 인테리어, 소품에 대해서 무언가를 얻고자 한다면 이곳은 꼭 들러야 한다. 두 번 들르면 좋은데 처음에는 4시간 정도 시간을 들여 훑어본 다음, 3~4일 다른 곳을 여행하고 나서 다시 하루 정도 찬찬히 살펴보면 좋다. 런던이 자신의 브랜드에 무엇을 어떻게 응용했는지, 그리고 처음에 보지 못했던 것이 무엇인지 느껴질 것이다.

1 V&A 전시관의 전시품
2 V&A 전시관에 전시된 작품은 숍에서도 볼 수 있다.
3 V&A에서 전시된 작품이 매장에서 응용된 케이스 1
4 V&A에서 전시된 작품이 매장에서 응용된 케이스 2

교통박물관 London Transport Museum

www.ltmuseum.co.uk | Covent Garden Piazza, London WC2E 7BB

세계에서 가장 오래된 역사를 보유하고 있는 영국 대중교통의 시작은 약 200년 전으로 거슬러 올라간다. 이곳에 가면 런던 교통의 변천사와 왜 런던 지하철이 그런 모습을 하고 있는지 확인할 수 있다. 여기는 유료다(입장료: 성인 £8.0, 학생 £5.00).

London Transport Museum

1

1 내부 포스터
2 내부 전경 1
3 내부 전경 2
4 상품들

6장. 코스별로 떠나는 성지순례 181

London Transport Museum

1 교통박물관 거리 표지판
2 교통박물관 기념품 숍에서 팔고 있는 지하철 노선도

이곳에서 꼭 보아야 할 것은 박물관이 아니라 기념품 숍이다. 별거 아닌 걸 이렇게 만들어 팔고 있는 런던의 포장력과 응용력을 제대로 발견할 수 있다. 런던 지하철은 예술을 응용하여 전통과 정통의 지하철을 새로운 트렌드로 격상시킨 최고의 브랜딩 성공 사례다. 지하철을 콘셉트화한 매장 인테리어와 각종 기념상품의 배치가 탁월하다. 다른 박물관과 달리 어린이 캐릭터 애니메이션인 '토마스와 친구들'을 중심으로 다양한 기념품을 구비해 놓았다. 해외 관광객, 런던 이민자, 영국 시골에서 올라온 자국 관광객, 초등학생들이 주고객이다. 박물관을 운영하면서 이렇게 돈을 많이 벌다니!

우리나라에서는 어떤 박물관을 하면 돈을 벌까? 가장 먼저 떠오르는 것은 김치 박물관이다. 김치 인간 문화재를 비롯해 원조를 주장하는 식당 아주머니들을 테마별, 콘셉트별로 모셔다 매일 김치 열전을 펼치면서 외국인들에게 김치 종주국의 맛을 보여주면 어떨까? 대한민국 김치 박물관에서 만든 김치와 밥상 체험은 외국인들의 관광 코스가 될 것이고, 아마 그 명성 때문에 명품 김치로 해외 수출도 가능할 텐데 여하튼 이곳만 오면 갑자기 애국심이 불타오른다. 김치 말고 또 뭐가 있을까? 도자기는 어떨까?

대영박물관 British Museum

www.britishmuseum.org | Great Russell St., London WC1B 3DG

세계 3대 박물관 중 하나로 손꼽히는 대영박물관에 영국제는 수위밖에 없다는 농담이 있다. 1753년 영국 정부가 한스 슬론 경이 소유하고 있던 사진, 화석, 주화, 메달 등 8만 점이 넘는 컬렉션을 사들였다. 그 후 소장품의 규모만으로도 세계에서 가장 크고 훌륭한 박물관을 열 수 있다고 생각한 의회는 대영박물관 건립을 결정하고, 몇 년 동안 대영제국의 힘으로 전 세계에서 진귀하고 희귀한 시체(미이라)부터 대형 동상까지 모조리 긁어모아 왔다. 그렇게 모은 작품을 83개에 이르는 크고 작은 방에 나눠 전시하고 있는데, 상설 전시장은 무료지만 기간이 한정된 특별 전시회 같은 경우에는 입장료를 받는다.

British Museum

1 대영박물관 밖에 위치한 기념품 숍
2 입구
3 대영박물관을 찾은 전 세계 사람들
4 아이들이 만든 것을 파는 도네이션 상품

패션 마케팅 컨설턴트였던 내가 이곳에서 하는 일은 사람들의 옷과 신발, 가방 같은 것을 사진으로 담는 일이다. 전 세계 사람들을 한꺼번에 볼 수 있는 만큼 나는 이곳을 유물 전시장을 넘어 인류 전시장이라고 생각한다.

British Museum

대영박물관 스케치

6장. 코스별로 떠나는 성지순례 **189**

British Museum

1 대영박물관 기념품 숍 내부 전경
2 대영박물관 기념품 숍 외부 전경

　여기도 기념품 숍이 탁월하다. 상품의 작품성이 탁월해서 그것을 가져다 바로 전시를 해도 손색이 없을 만한 것들이 많다. 가장 부러운 것은 책이다. 관련 책자를 비롯해 각종 디자인 서적이 가득하다. 팸플릿이나 안내책자가 아닌 문명과 문화를 팔고 있다.

　런던에 와서 세계 문화유산을 보는 것도 좋지만, 마케터인 나는 기념품 숍과 꼭 보고 싶은 몇 가지만 보고 아쉬움을 뒤로 한 채 곧 빠져나간다. 이곳을 제대로 보려면 하루 적어도 반나절은 족히 걸릴 것이다.

Design Museum

192 런던, 나의 마케팅 성지순례기

디자인 박물관 Design Museum

www.designmuseum.org | Shad Thames, London SE1 2YD

디자인 박물관에 대한 평가는 극과 극이다. 박물관이기는 하지만 V&A나 대영박물관 같은 규모를 생각하고 찾아가면 실망하게 된다. 게다가 여기는 유료다. 빠른 걸음으로 20분이면 모두 볼 수 있을 정도로 작고 아담한 박물관으로 규모가 갤러리에 가깝다. 디자인을 하기 때문에 혹시나 하는 생각으로 방문을 해 보지만 좀처럼 좋은 것을 찾기가 어렵다.

Design Museum

　1989년 개관한 디자인 박물관은 영국 디자인계의 거물인 테렌스 콘란이 영국 디자인 학계의 저명한 역사학자이자 평론가인 스티븐 베일리와 함께 만들었다. 1층에는 디자인 관련 책과 기념품을 판매하는 숍과 카페가 있으며, 2층부터 4층은 전시실과 강의실로 구성되어 있다. 간혹 영감을 주는 전시회를 하기도 하지만 입장료와 여기까지 오는 거리를 생각해 볼 때 마케터 입장에서는 아쉬움이 남는다. 그래서 순서를 정해 박물관을 갈 때는 여기를 처음으로 정한다. 피날레는 V&A 박물관. 그래야 디자인 박물관의 아쉬움을 삭힐 수 있다.

　하지만 2006년부터 20만 명이 다녀갔다는 말과 박물관 운영이 흑자라는 이유만으로 항상 '왜?'라는 의문을 가지고 이곳을 방문한다. 하지만 그러다가 간혹 생각하지도 못한 전시회를 만나서 횡재하는 경우도 있으니 마케팅 성지순례 코스에 집어넣기 바란다. 디자인 박물관이라는 관점에서 보기 시작해야 감상할 수 있는 마음이 생긴다.

Tate Modern Art Gallery

1 런던에서 가장 현대적인 SOUTHWARK역
2 지하철역에서 나와 오렌지색 가로등만 따라가면 테이트 모던을 찾을 수 있다.

2 런던 예술의 영혼들이 기거하는 갤러리

테이트 모던 아트 갤러리 Tate Modern Art Gallery
www.tate.org.uk/modern | Bankside, London SE1 9TG

시간이 없다면 V&A와 테이트 모던 아트 갤러리만 가도 좋다. 그래도 시간이 없다면 나는 테이트 모던 아트 갤러리를 권한다. 디자인과 브랜드를 탐구한다면 더욱 그렇다.

테이트 모던은 과거에는 화력발전소였다. 20여 년 동안 방치해 두었던 화력 발전소를 외관은 그대로 두고 내부만 고쳐 현대미술관으로 쓰고 있다. 런던의 빨간 공중전화기를 디자인한 버트 스콧이라는 영국 건축가가 설계한 갤러리다. 지하철역에서 나와 보면 막상 갤러리 안내 푯말 찾기가 어렵다. 하지만 지하철을 등지고 섰을 때 정면에 오렌지색 가로등이 보이는데 그것만 따라가면 테이트 모던에 도착할 수 있다.

테이트 모던에 도착하면 바닥에 균열이 있는 것을 볼 수 있다. 그 균열을 쫓아가다 보면 넓은 광장 중앙에 지진이 나서 만들어진 것 같은 굵은 선이 바닥에 이어져 있다. 그것은 도리스 살체도라는 작가의 설치 조각품인 '쉽물렛'이다. 폭력과 갈등의 대립으로 갈라진 사람들의 균열된 마음을 표현했다고 한다.

여기서도 기념품 숍과 새롭게 전시하는 작품을 눈여겨본다. 자주 그런 것은 아니지만 테이트 모던에 전시된 작품들이 매장 윈도우에 응용되는 경우가 종종 있다.

Tate Modern Art Gallery

198 런던, 나의 마케팅 성지순례기

1 갈라진 바닥은 절대 부실공사 때문이 아니다. 예술이다.
2 갈라진 틈새로 먼지와 쓰레기도 있지만 예술이라고 한다.
3 설치예술의 시작점을 찾아서
4 테이트 모던 설치예술의 시작점
5 설치예술의 시작점은 여기서부터다(믿기지 않지만).
6, 7 테이트 모던 내부 전경

6장. 코스별로 떠나는 성지순례 199

Tate Modern Art Gallery

200 런던, 나의 마케팅 성지순례기

1 테이트 모던 전시
2, 3 테이트 모던 숍
4 테이트 모던은 계단도 하나의 작품과 같다.
5 테이트 모던 전시
6 테이트 모던 전망대

Sotheby's

소더비 Sotheby's

www.Sothebys.com | 34-35 New Bond St., London W1A 2AA

소더비의 본체는 예술품 경매장이다. 경매장 안에서 운영하는 갤러리이기에 본드 스트리트를 지나다가 반드시 들러 보게 되는 사막의 오아시스 같은 곳이다. 지금까지 취급한 작품을 책자로 묶어 팔고 있어서 자료수집을 위한 최고의 성지라 할 수 있다.

Sotheby's

1 소더비 윈도우
2, 3 소더비 내부

영국에서는 박물관과 백화점의 경계, 전시장과 기념품 매장의 경계가 모호한데, 여기도 마찬가지다. 출입 제한이 없어 경매장에 들어가 보면 그곳이 예술품 경매장인지, 갤러리인지 모호할 때가 많다. 간혹 여기에 들렀다가 횡재하는 경우가 있는데 개인 소장품이 나올 때다. 대부분의 작품은 선 전시, 후 경매 방식이기 때문에 공짜로 소더비에서 작품을 볼 수 있다. 코 앞에서 희귀한 물건을 맘껏 감상하는 것이다.

1층에 카페가 하나 있는데 영국과 해외 상류층의 복장과 스타일을 볼 수 있는 세계 최고의 장소다. 특히 경매가 있는 날이면 '부자들의 향연'이 펼쳐지는데, 이들에게서 예술가와 자본가의 얼굴을 볼 수 있다. 나는 그들이 어떤 구두를 신는지, 어떤 스타일의 옷을 입고, 넥타이는 어떤 것을 매는지 흥미롭게 살펴본다. 그들이 풍기는 느낌이 무엇인지도 관찰한다. 상류 사회의 얼굴과 욕망, 이미지를 볼 수 있는 좋은 곳이다.

3 성배가 있는 백화점

우리나라 대부분의 백화점은 각종 브랜드에 장소를 빌려 주고 그들의 매출 수수료를 받는 장소 임대업이다. 그러나 영국의 백화점은 자신의 콘셉트에 따라 브랜드의 상품을 매입해 오는 일종의 편집 유통업이다. 한국의 백화점에 가면 각종 브랜드의 상품을 보는 것이고, 영국의 백화점에 가면 백화점이 시즌에 말하고 싶은 메시지를 보는 것이다.

영국의 백화점들은 계절마다, 이슈마다 수억 원을 들여 자신이 주장하고 싶은 소비의 기준, 정확히 말해 왜 우리 백화점에 와서 사야 하는가를 철학적으로 혹은 예술적으로 소비자들을 설득한다. 트렌드를 주도하기 위해서, 문화를 말하기 위해서, 새로 입점한 브랜드들의 아이덴티티를 설명하기 위해서 백화점의 윈도우는 현대적 행위예술을 펼쳐 보인다. 우리나라 백화점은 일본에서 벤치마킹한 콘셉트이기 때문에 쇼 윈도우도 거의 없고, 비용 때문인지 그런 투자를 많이 하지 않는다. 가끔 하는 이벤트나 일 년에 몇 번 있는 행사도 대부분 무슨무슨 세일이라거나 플래카드를 내건 할인행사가 대부분이다.

한국의 백화점을 생각하면서 영국의 백화점을 보면 큰 오산이다. 영국의 백화점에서 배워야 하는 것은 브랜드의 콘셉트를 메시지로 만들어서 전달하는 과정에서 상품을 작품처럼 보여주는 것이다. 사진에서 볼 수 있는 것처럼 여기서는 보여지는 것을 보여주는 것이 아니라, 보이지 않는 것을 보여주려고 하기 때문에 윈도우가 난해하다. 거의 현대 예술에 가깝다.

백화점을 갈 때는 먼저 백화점 윈도우의 쇼를 자세히 보아야 한다. 그 메시지를 자기 나름대로 해석하고 들어가야 한다. 패션 브랜드를 컨설팅할 때는 미국과 영국의 백화점 윈도우가 바뀔 때마다 직접 그곳에 가서 그들의 브랜드 커뮤니케이션을 온몸으로 배우곤 했다. 백화점 윈도우의 개편은 대부분 유명 작가와 유명 스타일리스트가 함께하기 때문에 백화점의 윈도우를 보는 것은 세계 최고 아티스트들의 감성을 현 시점에서 배울 수 있다. 윈도우 전시가 너무나 난해해서 무슨 말을 하고 있는지 파악하기 힘든 경우도 많다. 하지만 그렇다고 좌절할 필요는 없다. 어차피 윈도우의 메시지는 머리로 이해하라는 것이 아니라, 가슴으로 느끼라는 것이니까. 교감만 하면 된다. 그래서 그들의 쇼 윈도우는 마치 작품 갤러리를 닮았다. 그들의 윈도우 앞에서는 정확한 이해력보다 풍부한 상상력이 필요하다.

백화점 윈도우에서 충분한 시간을 보낸 다음 백화점에 들어서면 된다. 하지만 윈도우만큼 강력한 이미지는 리버티 백화점을 제외하고는 좀처럼 찾아보기 힘들다. 윈도우에서 받았던 느낌과 메시지를 브랜드 매장을 찾아가 살펴보면서 그들만의 특별한 이슈를 발견하면 된다.

런던의 백화점에는 그들만의 독특한 음식 콘셉트가 있다. 고객을 끌어당기기 위해 음식 코너에 심혈을 기울이기 때문에 꼭 가 볼 필요가 있다. 음식과 직접적인 관련이 없는 일을 하더라도 이걸 문화로 바라보면서 우리와의 차이점을 파악해 보면 재미있는 접점을 발견할 수 있다.

런던의 백화점은 셀프리지 백화점, 해러즈 백화점, 하비 니콜슨 백화점, 리버티 백화점, 포트넘 앤 메이슨 백화점을 서로 비교하면서 살펴보면 좋다.

이 다섯 개의 백화점은 영국의 대표 박물관 및 갤러리와 오누이처럼 서로 비슷한 모습이 있다. 특히 리버티 백화점은 마치 빅토리아 앤 알버트 박물관의 분점 같은 곳이다. 서로 어떤 연관성이 있는지는 모르겠지만 이번 여행에서도 빅토리아 앤 알버트 박물관도 '창의중국'이라는 중국의 현대 예술을 전시했고, 대영박물관도 중국의 '진시황제전'을 열었으며 리버티 백화점도 '중국'을 소재로 한 콘셉트로 봄 시즌 캠페인을 전개했다.

또 해러즈 백화점은 대영박물관 같고, 셀프리지는 빅토리아 앤 알버트 박물관의 패션관 같다. 어딘지 모르겠지만 서로 같은 배에서 태어난 한 핏줄이라는 점을 느낄 수 있다.

런던의 백화점은 산업의 미래를 읽을 수 있는 박물관이다. 트렌드가 만들어지고 예술가들도 이곳에서 쇼핑을 하면서 영감을 얻는다. 런던의 백화점은 세계의 브랜드 창조자들과 마케터들이 일 년에 두서너 번씩 꼭 방문하는 곳이다. 그곳에서 보게 되는 것들은 세계의 이슈들이다.

백화점의 밀물과 썰물

백화점은 시즌마다 할인을 하기 때문에 상품들이 행거에 걸린 채 30~70퍼센트 가격에 팔리기도 한다. 이렇게 하면 거의 벼룩시장을 방불케 하는 상황이 펼쳐진다. 시장조사 여행자에게는 최악의 상황이다. 백화점에서는 보다 화끈한 세일을 위해 전년도 재고분까지도 가지고 나와 더 큰 폭의 할인을 하면서 사람들의 충동구매를 자극한다. 이렇게 되면 신상품을 연구할 수 없게 된다.

그러면 결국 우리는 팔리는 상품이 아니라, 팔아야 하는 재고 상품과 좀처럼 팔리지 않았던 실패한 상품을 보아야 한다. 비싼 브랜드를 싸게 살 수 있는 기회도 되지만, 그런 상품을 구매함으로써 나의 감성도 재고 상품처럼 떨어질 수 있다. 브랜드는 좋지만 충동구매가 일어날 정도로 할인해 주는 것은 이미 상품 가치를 잃은 것이다. 오직 가격으로 승부하는 물건일 뿐이다. 횡재했다는 기분으로 이런 물건을 사다 보면 상품을 보는 안목이 떨어지게 된다. 특히 물가가 비싼 런던에서의 갑작스러운 세일은 더욱 충동구매를 촉발시켜서 우리로 하여금 정신을 못 차리게 한다.

따라서 세일 기간에 여행을 맞추면 안 되고 시즌의 첫 기간에 여행을 맞추어야 한다. 대부분 3월, 6월, 9월, 11월에 가면 신상품이 입고된다. 신상품을 보는 것은 상품을 보는 것이 아니라 디자이너와 마케터들이 이번 시즌에 이끌고 갈 전략을 보는 것이다.

Liberty

Liberty

리버티 백화점 Liberty

www.liberty.co.uk | 210-220 Regent St. London, W1B 5AH

런던에서 가장 오래된 백화점이다. 1860년 아더 래전비 리버티라는 상인이 런던과 동인도관을 설립하면서 일본의 물건을 들여왔고, 그것이 현재의 리버티 백화점이 되었다. 오래된 외관과 달리 여기서는 중고제품이나 옛날 동전 같은 것은 팔지 않는다. 상품의 콘셉트도 명확하다. 가장 실험적이고 예술에 가까운 상품들이 여기에 있다.

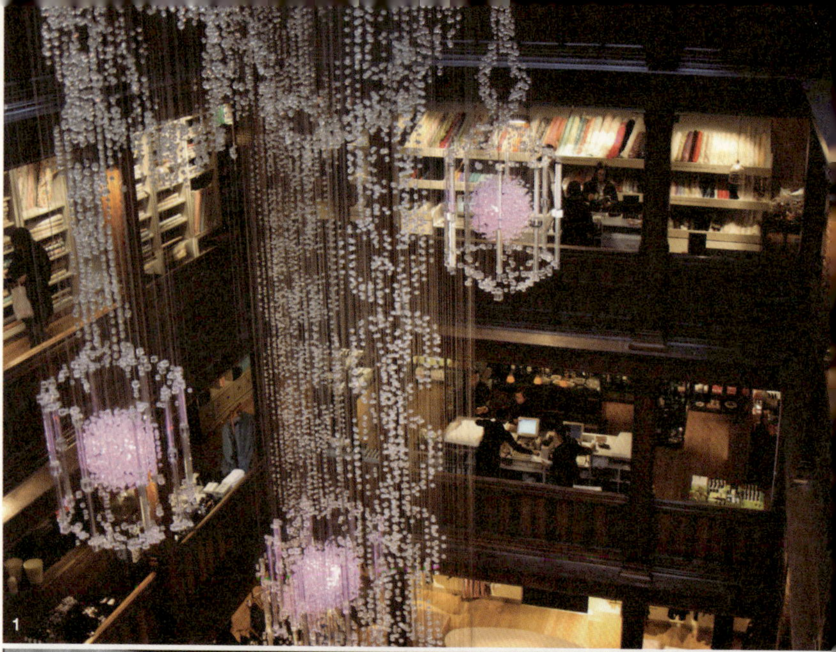

1

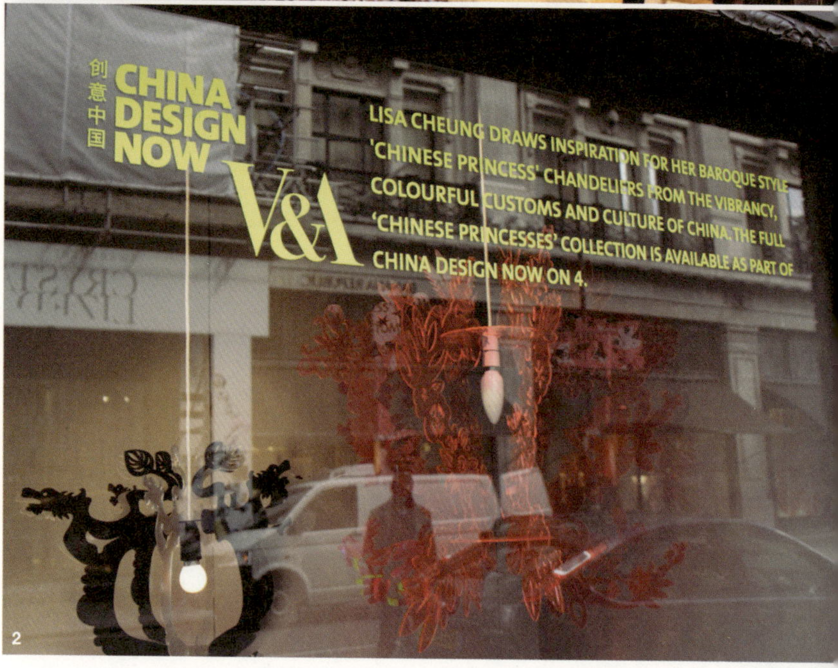
創意中国
CHINA DESIGN NOW
V&A
LISA CHEUNG DRAWS INSPIRATION FOR HER BAROQUE STYLE
'CHINESE PRINCESS' CHANDELIERS FROM THE VIBRANCY,
COLOURFUL CUSTOMS AND CULTURE OF CHINA. THE FULL
'CHINESE PRINCESSES' COLLECTION IS AVAILABLE AS PART OF
CHINA DESIGN NOW ON 4.

2

1 리버티 백화점 내부
2 리버티 백화점과 V&A가 연합한 프로젝트 쇼 윈도우

입구에 들어서는 순간 삐걱거리는 문소리가 영국스러움(런던스러움이 아니다)을 자아낸다. 모두 떡갈나무로 만들어진 옛날 빌딩(에스컬레이터는 없다. 엘리베이터도 세 명 정도가 정원)이기 때문에 다소 불편하지만 계단으로 올라가면서 중간중간에 예술적으로 디스플레이한 상품도 볼 수 있다. 한마디로 테이트 모던 갤러리를 닮은 백화점이다. 이곳은 박물관이나 갤러리와 공동 마케팅을 하기 때문에 작품과 상품의 차이를 이해할 수 있는 최고의 코스다. 그 옆에는 케너비 스트리트가 있기 때문에 꼭 가보면 좋다.

내가 이곳에서 자세히 보는 것 가운데 하나는 신예 디자이너들의 작품이다. 여기 디자이너들의 상품은 미래 유망주들의 작품으로 이삼 년 뒤에 시장의 주류가 될 확률이 높다. 판매되고 있는 각종 상품들도 지금 당장 집에 가서 쓰기에는 부담이 될 수 있지만, 그것들은 계속 진화되고 보편화되어 언젠가 우리나라 백화점에서 트렌드 상품으로 만날 것이기에 유심히 살펴본다. 마케터에게 미래를 보여주는 마법의 방인 셈이다.

Harrods

해러즈 백화점 Harrods

www.harrods.com | 87-135 Brompton Road, London SW1X 7XL

굳이 표현하자면 영국의 대영박물관 같은 곳이다. 대영박물관에서 흔히(?) 볼 수 있는 스핑크스를 비롯해 이집트 문자도 여기에서 볼 수 있다. 이곳 매출도 40퍼센트 이상이 관광객에 의한 것이기 때문에 상품으로 영국인의 생활 모습을 정확히 관찰하는 것은 불가능하다.

Harrods

216 런던, 나의 마케팅 성지순례기

1, 2 해러즈 백화점의 쇼 윈도우
3 해러즈 백화점에서 성악가가 직접 노래를 부른다.

    이곳에서 내가 하는 일은 한국에는 없고 여기에만 있는 것을 찾아내는 것이다. 엄청난 물건들이 쏟아져 나와 있기 때문에 그것을 모두 분간해내기는 어렵지만, 내가 런던에서 제일 먼저 가 보는 곳 가운데 하나가 해러즈 백화점이다. 여기에는 셀프리지를 비롯해 다른 백화점에는 없는 물건이 많다. 따라서 다른 백화점의 바이어 콘셉트를 알기 위해서는 먼저 해러즈를 샅샅이 뒤져야 한다.

    마음먹고 본다면 8시간 정도 걸린다. 자신과 관련된 분야만 보는 데도 3시간 이상 걸린다. 따라서 대영박물관처럼 한 번에 모두 보겠다는 마음으로 덤비면 초반에만 자세히 보다가 결국 시간에 쫓겨 당황하게 된다. 물건에 집중해 보다 보면 순식간에 시간이 흘러가 버리는 만큼 안내책자를 참고해 가급적 빠르게 한국에 없는 상품이 진열된 곳을 찾아가 본다. 추천하고 싶은 곳은 주방기기와 홈데코다.

Selfridges

셀프리지 백화점 Selfridges
www.selfridges.com | 400 Oxford St., London W1A 1AB

셀프리지에서는 런던의 트렌드와 세계의 트렌드를 동시에 볼 수 있다. 해러즈 백화점과 셀프리지 중간에서 갈등해야 한다면 셀프리지 백화점을 선택하는 것이 좋다. 이곳에서는 자신의 분야만 골라서 보면 안 된다. 어떤 분야에서 일하더라도 팬시와 완구부터 시작해 소파까지 모두모두 눈으로 자세히 봐 두어야 한다. 세계 대부분의 마케터들이 이곳에 와서 배우고, 베끼고, 자신의 것과 비교하기 때문이다. 해러즈는 인테리어는 화려하지 않지만 상품만큼은 최고라고 생각한다(아직까지는).

Selfridges

1 셀프리지 백화점 문
2 셀프리지 백화점 출입구
3 셀프리지 백화점 손잡이
4 셀프리지 백화점이 있는 옥스포드 스트리트 전경

이곳의 핵심은 트렌드를 보는 것이다. 여기서 상품들을 눈에 익히고 그 다음에 길거리 상점에 들어가면서 셀프리지와 다른 점을 찾아보면 도움이 된다. 내가 가장 즐겨 가는 곳은 젊은 사람들이 주로 찾는 브랜드가 모여 있는 곳이다. 이곳에서 상품들이 완전히 눈에 익을 때까지 3~5회 돌아가면서 자세히 본다. 이렇게 보아야만 길거리에 다니는 사람들의 복장을 해석할 수 있고, 다른 브랜드에서 디자이너들끼리 어떤 것을 서로 베끼고 참고했는지 알 수 있다.

처음 시장조사를 하는 사람이 백화점 매장의 상품과 길거리에서 만난 사람들의 모습만 보고 런던의 트렌드를 이해하는 것은 어렵다. 하지만 시장조사의 핵심 가운데 하나가 부분을 통해 전체를 상상하는 것인 만큼 이런 과정을 거치는 것이 필요하다.

Selfridges

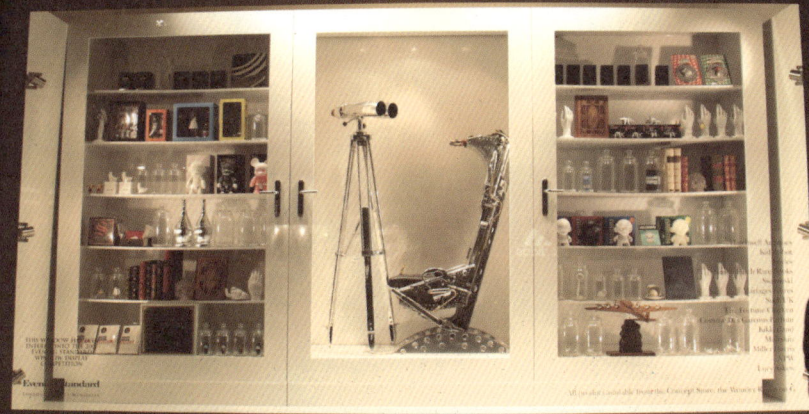

Fortnum and Mason

포트넘 앤 메이슨 Fortnum and Mason

www.fortnumandmason.co.uk | 181 Piccadilly, London W1A 1ER

영국의 차 문화, 차 종류, 차를 즐기는 사람들의 모습을 볼 수 있는 백화점이다. 차에 담겨진 영국(런던이 아니다)의 전통을 느끼려면 이곳으로 오면 된다. 내가 이곳을 자주 찾는 것은 백화점 안에서 팔고 있는 상품보다 윈도우 디스플레이 때문이다. 여기에서도 리버티 백화점만큼 전통과 현대가 융합된 예술에 가까운 그림을 볼 수 있다. 그 절정은 크리스마스 때로, 대부분의 소재가 동화다. 판타지 세계를 맛볼 수 있는 작품 세계가 펼쳐진다.

Fortnum and Mason

1, 2, 3
포트넘 앤 메이슨의 윈도우

Fortnum and Mason

1 포트넘 앤 메이슨 내부 전경
2 신사만을 위한 층이 따로 마련되어 있는 포트넘 앤 메이슨

　왕실과 귀족, 영국의 전통이라는 콘셉트 덕에 차 외의 상품에서도 한국에서는 볼 수 없는 진귀하고 비싸 보이는 것들이 많다. 각종 고가 문구류는 이 백화점을 이용하는 고객의 수준을 보여준다. 홍차를 파는 1층이 단연 눈에 띈다. 영국 사람들을 집중적으로 볼 수 있는 장소다.
　층마다 영국 상류층이 좋아하는 상품들이 전시되어 있는데, 이런 상품들을 눈으로 외워 두면 간혹 영국 영화를 볼 때 배우 뒤편에 놓여 있는 제품들까지도 이해할 수 있다.

4 영국의 4차원 세계, 시장

박물관과 갤러리, 백화점 다음 코스로 가는 곳이 시장이다. 많은 영감을 받을 수 있는 곳이다. 가져올 것도 많다. 가장 영국스러운 시장은 포토벨로. 그밖에 코벤트 가든, 캠든 락이 있고, 브릭 레인은 가장 이국적(?)인 느낌이 난다.

아무 정보 없이 이곳에 가면 이주민들이 만들어낸 시장, 가난한 사람들의 벼룩시장, 도깨비시장, 중고 시장, 심하게 표현하면 쓰레기더미에서 건져 올린 B급 재활용 시장 같은 느낌이 든다. 1970년대 물건도 쉽게 접할 수 있어서 타임머신을 타고 과거로 간 느낌도 든다. 하지만 눈에 보이는 것 중에는 진짜 옛날 것과, 진짜 쓰레기가 함께 있고 진짜 같은 가짜가 섞여 있기 때문에 신기하다고 무조건 구매해서는 안 된다.

이곳에서 가장 먼저 전해져 오는 느낌이라면 '이질적인 것들의 조합'이라는 콘셉트다. 이민자들이 수공으로 만든 자신들의 전통 상품을 영국적 모티브와 조금은 설익은 듯 결합시킨 형태, 이것이 이 시장이 주는 첫 느낌이자 최대 특징이다.

시장에서는 트렌드와 런던만 찾아지는 게 아니다. 이렇게 해도 관광 상품이 되는구나, 이런 것도 파는구나, 이렇게 하니까 사람이 모이는구나 같은 잡동사니들이 편집해낸 상상초월의 마케팅도 경험할 수 있다.

심벌 개발을 목표에 두고 나는 이곳을 찾곤 한다. 상징으로 쓸 만한 것이 눈에 많이 띄기 때문이다. 가장 영국스런 가짜 중고품과 해외 특산물이 혼합되어 있어서 구경하는 것만으로도 재미있다.

이곳에서는 스몰 비즈니스(small business)에 의한 스트롱 브랜드 (strong brand) 파워를 실감할 수 있다. 간혹 돈은 없고 실험정신이 강한 예술가들이 집에서 만든 물건을 들고 나올 때가 있는데, 이런 걸 만나면 꼭 성배를 찾은 기분이다. 그들은 대개 잠시 반짝하고 나타났다 사라지곤 하는데, 대개 나 같은 사람들이 훑고 지나가면서 창의성까지도 배워(가져?) 가기 때문에 상업성에서 밀려나고 만다. 돈도 없고, 매장도 없고, 아이디어는 있지만 완성도도 떨어지는 물건을 담요 위에 올려놓고 팔고 있는 이런 사람을 주목한다.

그 다음 단계로 여기서 돈도 좀 벌어서 번듯하게 손수레도 하나 장만하고 상품도 구색을 갖춘, 단골도 꽤 있는 사람을 찾는다. 이들은 한국에서 바로 활용해 시장에 내놓아도 좋을 만한 아이템을 많이 가지고 있다. 금맥이 숨어 있는 곳이다.

Portobello
Road
Market

포토벨로 시장 Portobello Road Market
www.portobelloroad.co.uk | Portobello Road, London W10 & W11

포토벨로 시장에서는 동전, 책, 중고 사진기, 그림 등의 상품이 10년 전이나 지금이나 별반 차이가 없이 비슷한 분위기에서 판매되고 있다. 옛날 물건처럼 보이는 상품만을 전문적으로 개발해 판매하는 산업과도 연계되어 있다. 포토벨로에 있는 사람들은 대부분 관광객이라 해도 과언이 아니다. 시장 중간에 서서 지나가는 사람들의 말소리를 듣고 있으면 대부분 영어가 아니다.

Portobello Road Market

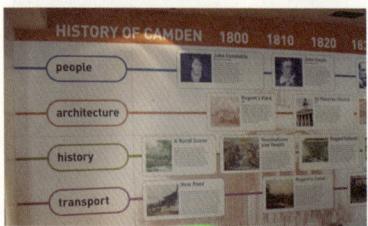

Portobello Road Market

6장. 코스별로 떠나는 성지순례 235

이곳은 브랜드 심벌을 구하는 사람에게 특히 많은 것을 제공해 준다. 영국 느낌의 인테리어 소품을 비롯해서 대영박물관에서 보았던 그리스 동전까지 없는 게 없다. 대표적인 네 개의 시장 중 단 한 곳만을 고르라고 한다면 당연히 포토벨로 시장이다. 간혹 런던을 소개한 책자에서 최근에 생긴 시장을 추천하기도 하지만 여기만큼 신선하지 않다. 세계에서 가장 독특한 콘셉트와 제품들로 넘쳐나는 이곳은 꼭 거쳐야 할 코스다.

Portobello Road Market

    길거리에서 팔고 있는 물건들은 5시간만 보면 거의 비슷비슷하게 느껴진다. 많이 팔리는 물건만 눈에 띄게 진열되어 있기 때문이다. 그래서 내가 찾는 곳은 도로변에 있는 상점보다는 지하나 2층 혹은 사람이 뜸한 곳에 위치한 작은 숍들이다. 고서점이나 특이한 단추, 목걸이를 파는 곳을 눈여겨본다. 이런 곳에 심벌이 될 만한 특이한 것들이 숨어 있다. 도로 주변에 있는 상품들은 잘 팔리는 흔한 것들인 만큼, 좀 더 진귀한 것을 얻고자 하는 마음으로 상권에서 약간 벗어나 외진 숍을 찾는다.

    대부분 토요일과 일요일에 오픈하기 때문에 시간 조정을 잘해야 한다. 오후 6시를 전후해 문을 닫는 곳이 많다. 가급적 하루 종일 이곳에 머물면서 살펴보면 좋다.

Brick Lane Market

브릭 레인 시장 Brick Lane Market
www.allinlondon.co.uk/brick-lane-market.php | Brick Lane, London E1

이곳은 자신 있게 무엇이라고 말하기 어렵다. 마지막으로 갔던 때는 3년 전으로, 처음 갔을 때보다는 충격이 덜했다. 쓸 말은 정말 많지만 딱히 뭐라고 정의하기 어려운 동네다. 다양한 평가가 있는데 뜨는 곳, 젊은 이들의 거리, 홍대 앞 같은 곳, 이주민들의 벼룩시장, 가난한 사람들의 시장터 등으로 표현된다. 빈티지 패션과 상품에 남다른 애정을 가진 분이라면 꼭 들러 보길. 하지만 영국적인 무언가가 있겠지 하는 마음으로 찾아간 사람들은 허탈할 수도 있다.

Brick Lane Market

Brick Lane Market

주말마다 새롭게 쏟아져 나오는 상품(쓰레기에서 작품까지)에 대해서는 딱히 뭐라고 해석할 말이 없을 정도로 난해하다. 이국적인 카페를 중심으로 독특한 문화와 함께 형성된 이곳은 한마디로 정의하기 어려운 곳이다.

혹시 집의 벽장이나 창고에 10년 전쯤 버려둔 게 있다면 싸 가지고 와서 이곳에서 엄가로 판다면 하루 호텔비 정도는 벌 수 있지 않을까 하는 생각도 든다.

Brick Lane Market

Camden Lock

캠든 락 Camden Lock
www.camdenlockmarket.com |
Camden Lock Place, Chalk Farm Road, London NW1 8AF

펑크 문화의 진원지로 대단히 이국적이고, 괴상하다. 런던의 하부 문화를 잘 보여준다. 포토벨로와 극을 이루는 상품들이 존재하는데, 저가, 괴상망측, 해괴함에서 시작해 희귀, 재미, 한국과는 매우 다른 것들로 넘치는 곳이다.

시장에서 예술가와 예술 작품을 만나는 일은 쉽지 않지만, 이곳에서만큼은 예술적 감각으로 창작한 상품과 그 제작자들을 자주 접할 수 있다. 포토벨로가 옛날 것, 브릭 레인이 쓰던 것이라고 한다면 캠든 락은 직접 만든 것을 볼 수 있는 곳이다.

Comden Lock

캠든 락이 유럽의 명소라면 우리나라 남대문시장도 충분히 가능성이 있다.

Comden Lock

Camden Lock

캠든에서 자신이 만든 카드를 판매하는 디자이너 로라 오스틴(Laura Austin)과 간단한 인터뷰 메일을 주고받았다.

"저는 북부 런던에 사는 프리랜서 그래픽 디자이너입니다. 그래픽과 패턴 디자인에 대한 저의 열정을 더욱 발전시키기 위해 버블 트리 디자인(Bubble Tree Design)이라는 스튜디오를 열게 되었죠. 카드 제작으로 일을 시작했는데, 이를 통해 저 스스로도 발전하고 미래의 프로젝트를 위한 자금 조달에도 도움이 되길 바라고 있어요. 캠든은 축축하고 추운 날씨에도 소란스런 생기가 가득한 곳이에요. 당신들이 분위기에 매료되었던 바로 그곳에서부터 캠든 마켓은 시작돼요. 매주 장이 서는 캠든에서 작은 스톨을 운영하는 저와 같은 아티스트나 상인들은 항상 캠든을 찾는 분들을 환영해요.

또한 캠든은 자신의 작품을 팔 수 있는 젊은 아티스트나 디자이너들을 원하고 있어요. 이러한 것들이 제가 캠든에 머물고 싶게 만들어요. 캠든은 전 세계에서 온 다양한 사람들을 만날 수 있다는 매력도 있어요. 사람들을 만나고 그 사람들과 친해지기 아주 훌륭한 장소죠.

지금 런던은 창조적인 활동이 벌어지는 부산한 꿀벌통 같아요. 런던을 찾은 사람들은 어디에서든 예술과 디자인을 만날 수 있어요. 그것은 아주 다양한 형태가 될 거에요. 뱅크시의 스텐실이 될 수도 있고, 공들여서 만든 세련된 숍의 윈도우 디스플레이가 될 수도 있어요. 런던은 살거나 일하는 데 많은 영감을 주는 멋진 곳이에요. 동시에 굉장히 빠르게 변화하고 있기도 하고요.

런던은 젊음과 오래됨, 전통과 현대 같이 상반된 특징을 공유하고 있는 도시죠. 또한 오래된 역사와 많은 스토리를 가지고 있어요. 그렇지만 그것들은 새로운 것들과 변화도 얼마든지 수용하고 있죠. 전 세계에서 온 사람들은 이곳에서 더 많은 문화적 경험을 하고 싶어 하고 항상 무언가를 하기를 원해요.

바쁘고, 경쟁적이고 물가가 비싸긴 하지만, 이 도시는 새롭게 변하는 것들을 기꺼이 받아들일 준비가 되어 있고, 그 필요성을 잘 알고 있기에 매력이 있어요. 만약에 당신이 바쁘고, 경쟁적이고 비싼 물가와 함께 살아갈 수 있다면 이곳에서 사는 것도 좋아하게 될 거에요. 제가 그런 것처럼요."

5 거울을 통해 영국 사람의 얼굴을 보다. 영국 브랜드

우리나라 사람들이 가장 많이 알고 있는 영국 브랜드는 버버리다. 하지만 런던에서 버버리를 입은 백인은 찾기 힘들다. 비싸서 그런지 모르지만 버버리 체크 무늬를 입고 다니는 백인은 드물다.

런던에 가서 영국 브랜드를 찾는 일은 중요하다. 그래야 영국만의 흐름을 파악할 수 있다. 백화점과 시장은 관광객과 이주민의 수요와 필요가 섞여 있기 때문에 정확한 영국을 파악하기 어렵다. 백화점과 시장을 충분히 보았다면 이제부터는 영국을 보아야 한다.

그렇다면 우리나라 사람들의 삶을 보고 싶으면 어디로 가는 것이 좋을까. 이마트라 생각한다. 물론 이마트처럼 좋은 할인점이 여럿 있긴 하지만, 굳이 이마트를 꼽는 이유는 브랜드에 대한 남다른 고집, 대기업 선호, 변화에 대한 무반응 등 후기 보수 다수층의 성향이 가장 잘 대변되고 있는 곳이 이마트이기 때문이다.

영국에도 영국스럽고, 확실한 보수이며, 트렌드에 대해 민감보다는 포용적이며, 런던스런 감각을 중요시하는 사람들이 모이는 곳이 있다. 그 가운데 가장 먼저 소개하고 싶은 곳은 막스 앤 스펜서다.

MARKS AND SPENCER

막스 앤 스펜서 Marks and Spencer

www.marksandspencer.com | 458 Oxford St., London W1N 0AP

막스 앤 스펜서 매장을 제대로 보기 위해서 나는 먼저 식료품 코너로 간다. 이들이 먹는 것을 보면 취향을 알 수 있다. 음식의 종류와 컬러, 포장지를 유심히 본다. 그리고 그들이 식탁에서 먹는 모습을 상상하면서 그들의 삶을 유추해 본다.

MARKS AND SPENCER

식료품 매장을 보고 난 뒤 천천히 전체 매장을 돌아본다. 상품도 보고 쇼핑하는 사람들도 보면서 이들의 특징을 탐색한다. 중후함, 평범함, 점잖음, 무뚝뚝함, 수줍은 유행, 변하지 않는 콘셉트를 느끼면서 머물다 보면 지극히 평범함 속에 숨겨진 튀는 감각이 눈에 들어온다.

튀는 상품 앞에 서서 백화점에 있는 상품과 무엇이 다른지도 느껴본다. 막스 앤 스펜서는 완벽하게 지금의 영국의 삶을 표현해 주는 현대 영국인의 박물관이라 해도 과언이 아니다.

TOP SHOP

톱숍 Top Shop

www.topshop.com | 214 Oxford St., London W1C 1DA

나는 여기를 '중저가 트렌드 변형 집합체'라고 정의한다. 자신만의 콘셉트가 있지만 트렌드를 반영하고 있고, 가격은 싸지만 품위와 감각이 있다. 패션을 하는 사람에게는 성배(샘플)가 숨겨져 있다. 세계적인 트렌드와 영국이 아닌 런던의 트렌드가 존재하고 실용적인 가치 제안이 있는 곳이기에 반드시 가 본다.

가급적 모든 상품들을 꼼꼼히 보면서 눈에 익힌다. 눈에 완전히 들어올 때까지 상품에 집중하는 것은 영국의 패션 리더들이 톱숍에서 구매한 상품으로 자신만의 스타일을 만들기 때문이다. 그들이 과연 이곳을 어떻게 활용하는가를 보기 위해 최소 6시간 이상을 이곳에 할애한다. 우리나라 브랜드 20개 정도를 하나의 브랜드로 만든 것인 만큼 그 규모도 어마어마하다.

그렇게 큰 매장인데도 수많은 상품을 하나의 콘셉트로 유지하는 능력에 놀라곤 한다. 매장에 나와 있는 상품들은 누군가의 결정에 의한 것이고, 시장의 반응에 따른 것이다. 그냥 보지 말고 여기에 왜 이것이 있을까라는 의구심을 가지고 전체를 보면 좋다.

TED BAKER

테드 베이커 Ted Baker

www.tedbaker.com | 245 Regent St., London W1B 2EN

톱숍에서 충분히 상품을 보고 난 다음 가는 다음 코스는 테드 베이커 매장이다. 톱숍이 중저가 글로벌 트렌드 브랜드라면, 여기는 럭셔리 트렌드 런던 브랜드라고 할 수 있다. 얼핏 보아서는 비슷해 보이지만 이곳에 가면 테이트 모던에서 받았던 영감과 시장에서 느꼈던 자유로움이 조화롭게 뒤섞여 있는 것을 느낄 수 있다.

다른 브랜드들은 대개 트렌드를 상품에 주입하지만, 이곳은 런던스러움을 가장 고집스럽게 고민하는 브랜드다. 단연코 런던 감각의 진수라 할 수 있다. 이곳에서는 상품과 함께 문화와 실험, 그리고 런던스런 캐주얼 럭셔리를 느낀다.

TED BAKER

Beyond Retro

비욘드 레트로 Beyond Retro

www.beyondretro.com | 112 Cheshire St., London E2 6EJ

간판을 제외하고는 모두 낡은 것들이다. 날것(raw)과 낡은 것(old)의 모호한 경계에서 빈티지라는 콘셉트를 유지하면서 구제 상품을 끌어 모아 트렌드의 이름으로 팔고 있는 브랜드다. 많은 패션 잡지와 관광 책자에서 이곳을 칭송하고 있지만, 아무런 정보 없이 이곳에 들렀을 때는 구청 재활용센터에 온 것 같은 느낌을 받는다.

Beyond Retro

  브릭 레인 시장 초입부터 이곳까지 오면서, 수많은 재활용(구제) 상품들을 보다가 들른 이 커다란 창고에서는 '패션'을 찾을 도리가 없다. 하지만 이곳에 꼭 들르는 것은 이런 것이 이렇게 팔리고 있구나 하는 것을 느끼기 위해서다. 그래서 브릭 레인 시장에 올 때는 반드시 찾아간다.
  어떤 것이 과거에 악성 재고였을까. 이런 것도 모아서 이렇게 표현하면 손길이 가는구나 하는 것을 제대로 배울 수 있다.

LEON

LEON

레온 Leon

leonrestaurants.co.uk | 35 Great Marlborough St., London W1F 7JE

배가 고플 때 가 보면 좋은 레스토랑이다. 건강, 여유, 친근함, 가족, 런던스러움이 레온에 있다. 음식을 시키면 종이 도시락에 준다. 음식을 받으면 1970~80년대에 존재했던 노란 양푼 도시락 같은 정감이 밀려온다. 또한 포장지 여기저기에 써져 있는 신선한 제철 재료들만 고집한다는 레온의 철학을 해석하며 먹다 보면 음식이 왜 이토록 빽빽한지도 즐거운 마음으로 깨달을 수 있다.

우리나라로 치면 '장모님 집에서 받은 푸짐한 도시락' 정도가 이곳 콘셉트다. 음식과 함께 가치와 철학을 이야기하고 그야말로 유럽식 정성을 팔고 있음이 느껴진다. 별거 아니라 여기고 인식하지 못했던 것들을 소중한 가치로 보여주는 그들의 노력을 배우게 된다. 이 매장에서는 그들이 어떻게 스타벅스나 맥도널드와 싸우고 있는지 배울 수 있다.

6 길거리에 널려 있는 보물들, 런던의 거리

거리를 조사하다 보면 지구의 나이를 알아보려고 토양의 퇴적물을 하나하나 꺼내 보는 것 같은 느낌이 든다. 런던의 매장과 거리를 보면 그 시장의 나이와 특성, 진화의 방향을 파악할 수 있다. 거리는 모이는 사람들의 성향과 그 거리에 가장 큰 영향력을 행사하는 강력한 브랜드, 그리고 비슷한 상점들이 모여서 형성하는 커뮤니티에 의해 성격이 형성되고 모습이 디자인된다.

거리를 조사할 때 가장 눈여겨보는 곳은 중앙거리 뒤편과 골목, 그리고 그 거리가 처음 시작된 매장이다. 중앙거리 뒤편은 독특하거나 소수들을 위한 매장이 숨어 있고, 골목에는 가장 장사가 안 되거나 오히려 잘되는 가게, 혹은 일반 거리에서는 찾아보기 힘든 희귀 매장들이 있다. 중앙거리 뒤편과 골목을 뒤지다 보면 시냇가에서 바위를 뒤집으면서 손바닥만 한 가재가 튀어나오길 기대하는 기분이 든다. 그렇게 거리를 탐색하다 보면 'since 1800' 같은 기원을 가진 매장도 발견할 수 있다. 바로 거기가 그 거리의 진화가 시작된 곳이다.

아직도 나는 화재로 까맣게 타 버린 현장에 들어간 조사자가 화재 원인이 방화인지 누전인지, 발화점이 어디인지 찾아낼 수 있다는 사실이 쉽사리 믿기지 않는다. 물론 내가 거리를 뒤지면서 그 거리의 시작점을 찾는다고 하면 화재 검시관도 내 말을 믿지 않으려 할지 모른다.

거리는 골목의 폭, 건물 형태, 대문의 느낌, 주변 건물의 높이, 도심 간 거리, 주변 나무들의 굵기 등으로 나이를 알 수 있다. 런던에서 마케터들로부터 추앙받는 성지들은 대부분 대로에서 그 위용을 자랑하고 있다. 골목과 외진 길에서 헤매는 것은 자본과 상업으로 성장한 브랜드를 찾는 것이 아니라, 전통과 가치를 유지하고 있는 브랜드를 찾는 것이다. 아주 가끔 그런 매장에서 진귀한 상품이나 영감을 주는 무언가를 만날 때가 있다. 아이디어의 소중한 금맥을 발견하는 행운의 순간이다.

Oxford St.

| 옥스포드 스트리트 Oxford St.

　한국으로 치자면 옥스포드 스트리트는 종로1가에서 종로5가 분위기가 나는 거리에 명동에 있는 숍들을 옮겨 놓은 곳이라 할 수 있다. 오전 10시부터 북적대는 관광객 인파가 정답게 느껴진다. 앞에서 말한 대부분의 매장도 여기 몰려 있다. 마음먹고 미리 선택한 500개 정도의 매장을 보려고 한다면 열심히 걸어 다녀서 이틀 정도면 된다.

　옥스포드 스트리트는 없는 것이 없는 일종의 백화점 같은 거리다. 한 번 훑고 지나가서는 머리에 남는 것이 없다. 두 번 이상 반복해서 돌아다녀야 한다. 좌우로 뻗어 간 골목까지 살펴보려면 나흘은 걸리기 때문에 목표를 가지고 돌아본다.

Oxford St.

Bond St.

| 본드 스트리트 Bond St.

007 영화의 주인공 이름과 같아서 더 흥미롭게 느껴진다. 이 거리에는 세계의 명품 브랜드들이 밀집되어 있다. 본드 스트리트는 옥스포드 스트리트를 걷다 보면 바로 옆길로 통하는 곳이다. 잘못하면 옥스포드를 다 돌지 않고 본드 스트리트로 흘러들어 갈 수 있으니 조심해야 한다. 시장 조사의 치명적 실수 가운데 하나가 섞어 보는 것이다. 고유의 맛을 잃어 버리게 된다.

본드 스트리트는 쇼핑의 거리가 아니라 명품을 보면서 세계적인 명품 브랜드들의 트렌드를 익히는 곳이다. 그들이 주장하는 컬러, 철학, 콘셉트와 메시지들을 한꺼번에 볼 수 있다. 이곳에서 모든 명품 브랜드를 한번에 보아야만 다른 중가 브랜드와 명품 브랜드들을 카피하는 브랜드들이 무엇을 복사했는지 알 수 있다. 모방은 최고의 아첨이기도 하다. 나중에 모방한 브랜드를 찾아보면서 그들의 응용력을 배우고 고민을 배우고 솜씨를 배울 수 있다.

Bond St.

Regent St.

| 리젠트 스트리트 Regent St.

멋진 사진을 제공해 주는 거리다. 작은 매장과 명품 매장, 영국 브랜드와 세계 브랜드가 뒤섞여 있어서 콘셉트는 모호하지만, 타원형으로 휘어진 거리에 아름다운 건축물이 많다.

Carnaby St.

| 캐너비 스트리트 Carnaby St.

　이 거리가 너무 좋아서 '캐너비 소사이어티'라는 브랜드까지 만들려고 했다. 재미있는 브랜드가 많고 거리 구조도 흥미롭다. 돌아다니는 사람들도 범상치 않다. 시장조사 기간 중 하루 온종일 스타벅스에 앉아서 캐너비로 들어오는 사람들의 옷차림과 액세서리를 관찰하는 것만으로도 이 거리에 온 목적을 이룰 수 있다. 딱히 뭐라 분류하기 힘든 나름의 멋쟁이들이 이곳에 몰려오기 때문이다. 세계의 트렌드를 한눈에 볼 수 있는 그야말로 물 반 고기 반의 거리다.
　중앙 거리 뒤편에도 영감을 줄 만한 음식점, 액세서리 매장, 선물가게들이 즐비하다. 소자본 창업을 하고 싶은 사람과 브랜드 론칭을 하고 싶은 사람에게 이곳은 창업대학 같다. 하루를 온전히 투자해도 좋은 곳이다.

Carnaby St.

Covent Garden

| 코벤트 가든 Covent Garden

캐너비에 버금가는 진귀하고 재미있는 거리다. 캐너비만큼 개성과 콘셉트가 강한 사람들이 돌아다니지는 않지만 교통박물관이 있기에 꼭 들르곤 한다. 코벤트 가든 중앙에는 다섯 평쯤 되는 작은 상점들이 빼곡히 붙어 있는데, 지하에는 런던에서만 볼 수 있을 것 같은 재미있는 매장들이 모여 있다.

Covent Garden

Marylebone Hight St.

| 마릴본 하이 스트리트 Marylebone Hight St.

소박하고 다정다감한 거리다. 런던보다는 영국스럽다는 말이 더 잘 어울리는 곳이다. 해외 브랜드보다는 영국 브랜드들이 많고 아기자기한 콘셉트의 상품들이 널려 있다. 런던의 속살을 볼 수 있는 거리다.

창의성이 있는 신예 디자이너들의 매장도 여기저기 박혀 있다. 마치 눈 속에 피어 있는 꽃을 찾아내는 기분으로 돌아다니게 되는데, 그러다 보면 숨겨져 있는 신비로운 매장들을 자주 만나게 된다.

Marylebone Hight St.

St. Christopher's

| 세인트 크리스토퍼 St. Christopher's

런던에 있는 유일한 먹자골목이다. 옥스포드 스트리트와 멀지 않지만 이상하게도 이곳은 한국 사람에게는 잘 알려져 있지 않다. 먹자골목답게 공중화장실 앞에 체중계도 있다. 시장조사의 긴장감을 잠시 내려놓고 여유롭게 사람들을 바라보는 곳이다.

St. Christopher's

7 런던의 좌뇌, 서점

런던 시장조사 여행의 마지막 코스이자 내게 오아시스와 같은 코스다. 런던만큼 거리에 서점이 많은 도시는 아직 보지 못했다. 서점도 그냥 책만 파는 곳에 그치지 않고, 각각의 콘셉트를 가지고 있다.

대형 서점은 밤 10시까지 영업을 한다. 거리를 돌다가 오후 7시 전후로 매장 문이 닫히면 서점에 들어간다. 낮에 가끔 다리가 너무 아프면 서점에 들어가 자리에 앉아 필요한 책을 보고 나오기도 하지만 대부분 저녁 시간을 이용한다.

매장이 닫히면 저녁을 먹고 쉬러 가야 하는데 밤 10시까지 서점에 남아 있는 나를 보고 마음이 상해 두 번 다시 함께 가지 않는 사람도 있다. 하지만 내게 주어진 시간은 대개 길어야 6일. 6일 안에 무언가를 가져와야 하는 상황에서 할 수 있는 불가피한 선택이기에 나는 기꺼이 그 시간을 즐긴다.

서점에 들어가서는 디자인에 영감을 주는 책과 사진을 보는 게 대부분이다. 거리를 다니는 게 성지순례라면, 서점에서 책을 읽고 그림을 보는 것은 순례자의 기도 시간과 같다.

Daunt
Books

308 런던, 나의 마케팅 성지순례기

돈트 북스 Daunt Books

www.dauntbooks.co.uk | 83 Marylebone High St., London W1U 4QW

김치찌개도 어디서 먹느냐에 따라 맛이 천차만별이다. 이곳에 들어서면 고문서에서 사건의 실마리를 찾고 있는 셜록 홈스를 만날 것만 같은 기분이 든다. 영국의 고전과 전통을 완벽에 가깝게 재연한 곳이다. 책과 인테리어 모두 그런 분위기를 만들어낸다. 나는 이곳을 북카페 프로젝트의 인테리어를 위해 방문하기도 했다.

Stanfords

스탠포드 Stanfords

www.stanfords.co.uk | 12-14 Long Acre, London WC2E 9LP

지도만 있는 서점이다. 지도와 관련된 것이라면 없는 게 없다. 한국에 관한 책도 세 권 정도 있다. 과연 지도만 모아서 장사가 될까 하는 생각으로 서점에 들어가 보는데 항상 여행을 떠나려는 사람과 다른 나라에서 온 사람들로 북적인다. 여기도 실내 인테리어 때문에 자주 들른다. 지도라는 콘셉트로 자신만의 특성을 제대로 보여주고 있다.

지도만 파는 서점의 바닥도 지도다.

Vintage Magazine Shop

빈티지 매거진 숍 Vintage Magazine Shop

www.vinmag.com | 39-43 Brewer St., Soho, London W1F 9UD

말 그대로 빈티지들로 가득하다. 소품, 아이디어 상품, 깜짝 선물을 사기에 좋다. 특히 빈티지 콘셉트로 재미있는 카페를 구상하고 있다면 여기만한 곳이 없다. 이곳은 런던을 소개하는 대부분의 책에 언급이 되어 있기 때문에 여행자들이 큰 기대를 갖고 방문하는 곳이다. 참고로 방문 목적에 따라서 반응은 극과 극이다.

1970~1980년대 '왕년의 스타' 사진들

Cecil coat

세실 코트 cecil coat

Cecil Ct. London WC2N 4EZ

고서점 거리이다. 책을 보기 위해서라기보다 인테리어 책을 사러 가거나, 심벌을 찾으러 가는 서점이다. 대형 서점에서는 결코 찾아볼 수 없는 희귀한 책들이 숨겨져 있다.

322 런던, 나의 마케팅 성지순례기

Cecil coat

6장. 코스별로 떠나는 성지순례

Magma

324 런던, 나의 마케팅 성지순례기

마그마 Magma
magmabooks.com | 117-119 Clerkenwell Road, London EC1R 5BY

디자인에 관한 책만 다루는 서점이다. 대형 서점에도 디자인 코너가 있는 만큼 반드시 여기에 와야 할 이유가 있는 건 아니지만, 간혹 거기에 없는 특이한 책들이 튀어나온다.

순례자의 발견 11

색깔을 찾아라

나라마다 컬러가 있다. 유난히 빨간색을 좋아하는 나라는 중국과 영국인데, 내가 보기엔 영국인들이 더 좋아하는 것 같다. 늘 거리에는 집채만 한 빨간색 버스가 끊임없이 지나다니는데 높은 빌딩에서 런던 거리를 보면 그야말로 적혈구들이 핏줄을 따라 움직이는 것처럼 보인다. 여하튼 영국은 레드의 나라다.

민족마다, 나라마다, 도시마다 자신만의 컬러가 있다. 그것을 자신의 대표 상품에 덧칠한다. 컬러 조사는 다양한 관점에서 접근해야 한다. 어떤 상품에, 어떤 로고에, 어떤 사이즈에, 어떤 공간에, 어떤 느낌에, 어떤 강도로, 어떤 느낌을 주고자, 어떤 목적으로 사용했는지 염두에 두고 각각의 연관성을 찾아봐야 한다.

컬러와 사람의 연관성을 찾아본다면 흥미로울 것이다. 보라색 옷을 입는 사람들은 어떤 화장을 하고 어떤 액세서리를 좋아하고 어떤 구두를 신을까, 그들의 연령대와 성별은 어떠할까. 빨간색을 강하게 혹은 무난하게 입은 사람들의 특징은 무엇일까 하는 점 등을 찾아보는 것도 의미가 있다. 시장조사의 핵심은 연결고리를 찾는 것이다. 그 연결고리는 부분에 존재하지만 전체를 이해하는 비밀번호가 된다.

순례자의 발견

순례자의 발견

순례자의 발견 12

런던 거리의 비틀즈

지하철마다 거리의 음악가들이 공식적으로
연주할 수 있는 무대가 마련돼 있다.

광장에서도 거리음악가를 쉽게 만날 수 있다.
진지한 청중의 자세로 음악을 듣고 있으면 그들은 숨겨 두었던 그들만의 최고의 노래를 선사해 주기도 한다.
그들이 원하는 건 동전만이 아니라 진정한 청중이기 때문이다.

순례자의
고향

7

EXPLO

RE

북극 여행

북극에서는 어떻게 길을 찾을까. 나침반과 지도는 어떻게 써야 할까. 눈으로 덮인 대지를 방향을 잃고 빙빙 도는 나침반을 가지고 헤쳐 갈 수 있을까. 지구 자전축 위에 있는 북극성은 도움이 될까. 방향을 잡기 위해 예전에는 늘 진북만을 가리키는 자이로 컴퍼스를 사용했는데 요즘은 GPS를 사용한다고 한다.

GPS는 위성을 통해 위치를 파악하는 장치다. 정확한 위치를 알기 위해서는 이론적으로 세 대의 위성이 필요하다고 하는데 대개 다섯 대의 위성에서 알려주는 고도, 경도, 위도로 위치를 파악한다. 시장조사를 위해 런던 한 곳만 가는 것은, 위성 한 대만을 사용하는 GPS로 북극에서 자신의 위치를 확인하려는 것과 같다. 북극여행은 목숨을 담보로 한 모험이지만, 시장조사는 결코 모험이나 운에 맡겨져서는 안 된다.

목숨을 건 모험이 되지 않도록 나의 시장조사 여행은 하라주쿠에서 시작해서 뉴욕, 그리고 런던으로 이어진다. 혹은 런던에서 시작해서 뉴욕을 거쳐 하라주쿠에서 끝이 난다. 비용과 시간이 허락된다면 파리와 밀라노, 프라하, 홍콩도 경유한다. 브랜드 하나를 론칭하기 위해 이런 코스로 시장조사 여행을 두 차례 정도 마치고, 마지막 최종 점검을 위해 런던에 다시 가 본다. 이렇게 약 3개월을 투자한다. 꼭 들러야 하는 매장만 해도 1,300여 곳. 이곳을 모두 보아야만 만들려는 브랜드의 콘셉트를 제대로 잡을 수 있다.

브랜드는 차별성이 생명이다. 시장에 쏟아져 나와 있는 비슷한 것들은 어딘가에 진짜가 있거나, 진짜를 경외하는 마음으로 베낀 것들이다. 마케터라는 직분을 가진 사람이 예술가처럼 오직 창의성만을 무기로 브랜드를 론칭해서는 안 된다. 마케터들이 찾는 성지는 검증된(돈을 벌 수 있는) 브랜드다. 성공 브랜드의 성공 패턴을 알아내 새로운 브랜드를 창조하는 것이 마케터에게 주어진 거룩한 임무다.

하지만 몇 개의 성공 브랜드만 보고 와서 그 성공 포인트들을 제각각 가위질 해다가 브랜드를 만들면 프랑켄슈타인 같은 브랜드가 탄생한다. 프랑켄슈타인 브랜드는 콘셉트도 없고, 테마도 없고, 메시지도 없고, 가치도 없고, 출신도 모르고 그저 소리만 질러대는 괴물 브랜드다.

이런 괴물을 만들지 않기 위해 마케터는 그들만의 성지를 찾아 떠나는 여행자가 된다. 그리고 그 시작 또는 기착지는 런던이다. 런던은 단서의 발견 혹은 발견된 단서의 검증을 위한 도시다.

순례자의 귀향

이 책을 정리하기 위해 두 명의 직원과 함께 다시 런던을 찾았다. 거기서 찍어 온 사진만 해도 45기가바이트다. 또한 쥬얼리 브랜드와 속옷 브랜드 론칭 준비를 위해서 불과 3개월 전에 런던에 다녀왔는데 거기서 찍은 사진도 30기가바이트가 넘는다. 모두 3만 장이 넘는 분량이다. 이번에 찍은 사진은 5초에 한 장씩 보는 데 41시간이 걸린다.

느낌과 감상은 비록 그 순간엔 강했더라도 시간이 지날수록 사그라진다. 여행에서 받은 느낌은 돌아오는 비행기 안에서 그 반이 잊혀지고, 가방 찾으면서 그 나머지의 반이 사라지고, 집에 도착해서 씻고 메일을 읽다 보면 그 나머지마저 희미해진다. 밤새 시차적응으로 뒤척이다 아침이 되어 뻑뻑한 눈으로 일어나 다시 현실을 맞을 때는 꿈속의 일이었던가 하는 생각이 든다.

나는 최소한의 순례 감각이라도 살아 있는 이때 다시 사진을 꺼내 본다. 그리고 이번에는 명동, 압구정, 신사동 같은 한국의 마케팅 성지(최고 브랜드 매장들이 모여 있는 곳)로 뛰쳐나간다. 런던으로 떠나기 전에 이미 돌아봤던 매장들을 다시 보면서 선배(혹은 경쟁사)들이 런던에서 어떤 모티브를 벤치마킹(복사 혹은 재창조)했는지 파악한다. 여행에서 돌아온 1주일 안에 바로 이 작업을 마쳐야만 런던에서 가졌던 신선하고 혁신적인 감정을 유지한 채 시장조사 여행을 마칠 수 있다.

간혹(솔직히 말하면 자주) 시장조사 여행의 마무리로 뒤풀이를 제안하는 사람(대부분 클라이언트)이 있다. 무사귀환과 더불어 함께 보냈던 힘들었던 시간과 뜨거운 동지애를 확인해야 한다는 강박감에 쓰던 파운드를 원화로 바꾸어 회식자리를 만들지만 이것은 마케팅 순례자에게는 독이 되기 쉽다. 런던에서 충격으로 받아들였던 혁신적 사고는 기억하려고 애를 써도 인천공항에 도착하자마자 비행기 속도만큼이나 빠르게 기억 저 멀리로 사라져 간다. 그런데 뒤풀이는 그 망각의 속도에 가속도를 붙이기 때문이다

성인들의 행적을 뒤쫓는 성지 순례자는 말로만 들어 왔던 성지를 직접 확인하면서, 동시에 그곳에서 옛 성인들과 교감하면서 영적인 성장을 이루길 기대한다. 순례자로 둔갑한 마케터의 마케팅 성지순례는 새로운 아이템을 발견하고, 동시에 현재 가지고 있는 콘텐츠와 앞으로 갖게 될 콘텐츠를 어떻게 새로운 비즈니스에 응용할 것인가 하는 문제를 해결하기

위한 영감을 얻기 위함이다. 나는 여행 내내 '이것을 어떻게 나와 나의 일에 적용할까'를 생각하고 한국에 돌아와서도 그 숙제가 풀릴 때까지 고민을 거듭한다.

편도 티켓과 왕복 티켓의 차이

까다로운 미국 출입국관리소를 쉽게 통과하기 위해 나는 비행기 왕복 티켓을 보여준다. 감독관은 티켓을 한 번 보고 돌려주면서 언제 돌아갈 건지, 용무는 무엇인지 묻는다. 그러면 관광이고 일주일 뒤에 돌아간다고 하면 거의 1분 내 통과다.

출발 전의 목적이 확실해야 확실하게 돌아올 수 있다. 낯선 여행지에서 가끔 장기 여행객이나 체류자를 만나게 된다. 그들은 대개 머무는 이유도 돌아갈 이유도 없는 경우가 많다. 예전에 미국에서 같이 시장조사 여행을 하다가 돌연 사표를 내고 미국에 건너가 연명하듯 살아가는 동료와 이야기를 나누어 봤지만, 나는 여전히 그를 이해할 수가 없다. 왜 아직도 돌아오지 않느냐고 물어보면 그는 아직도 무언가를 찾고 있기 때문이라고 말한다. 그래서 그 무언가가 무엇인지 물으면 그건 알 수 없다고 한다. 그의 그 '무엇'은 삶의 이유일까, 사업 아이템일까, 새로운 지식일까, 아니면 아직 오지 않은 기회일까. 그는 여전히 여행중이다.

여행과 인생은 닮았다. 나를 찾기 위해서 떠나거나, 나를 버리기 위해서 떠나는 것이 '인생이라는 여행'이기 때문일까. 인생이 도무지 지루할 틈이 없는 건 늘 예상치 못한 사고와 뜻밖의 행운이 뒤섞여 있기 때문이다. 골프에서 공이 제대로 안 맞았는데 게임을 이기고, 버디를 다섯 개나 잡았는데 게임을 놓치고, 여행지에서 멋진 사람을 만났는데 돌아와서 헤어지고, 여행지에서 최고의 사업 아이템을 건져 왔는데 돌아와 보면 누군가가 벌써 하고 있다!

인생과 여행 길은 내게는 늘 오르막인 것 같다. 시간이 지날수록 더 어려워지고 힘들어지는. 그래서 시작부터 단번에 최고 속도로 달려서 신기록을 세우려는 욕심을 내면 안 된다. 느긋하게 다시 돌아간다는 마음으로 임해야 한다.

종교 순례자들의 성지순례 목적은 지금의 자신을 버리고 본래의 자신을 찾는 것이고, 마케터들의 마케팅 성지순례 또한 지금의 것을 버리고 새로운 것을 찾기 위함이다. 리노베이션(renovation)을 위한 것이다. 그렇다면 리노베이션의 첫째 조건이 버리는 것일 듯하다. 여행자가 받는 충격과 감동은 나의 것을 버리게 한다. 하지만 돌아오는 항공권은 버리지 말기를.

왜냐하면 순례자의 여행도 결국엔 찾는 것이고 돌아오는 것이니까.

여행 후기

"저, 잠시 여행 좀 다녀오려고요. 인사하러 왔습니다."
"학교는?"
"휴학했어요."
"여행 가려고 휴학해?"
"아니요, 휴학하고 여행 가는 거예요."
"뭐라고?"

"저의 꿈은 세계 여행입니다."
"언제 가나요?"
"지금 돈을 모으고 있는 중이에요."
"어디로 가나요? 세계를 다 도는 건 아니죠?"
"아직 나라는 정하지 않았는데요."
"그런데 왜 세계 일주가 꿈이죠?"
"예?"

"저 시장조사 하러 내일 영국 가는데 어디서 뭘 볼까요?"
"내일 간다고?"
"예, 10시 50분입니다."

"무슨 시장조사인데?"

"신규 사업 검토 때문에."

"명동 시장조사는 했어?"

"예? 아니요."

"그럼 그 시장조사 2주 뒤로 하면 안 되나?"

"예?"

배낭여행을 꿈꾸는 학생들을 만나 보면, 대개 남들이 가니까, 정확히는 모르지만 뭔가 배워 보려고, 이력서 한 칸을 채우기 위해, 싸이 콘텐츠 보강을 위해서라고 말한다. 좋은 이유다. 그런데 가끔 여행을 통해 자신과 미래를 더 풍부하게 만들고 싶다며 방법을 묻는 후배도 있다. 나는 그들에게 시장조사 개념을 조금만 공부해서 자신이 일하고 싶은 기업이 원할 법한 해외 시장조사 보고서를 만들어 면접관에게 보여주라고 안내한다. 만약 그런 보고서를 냈는데도 최종 면접까지 가지 못한다면 그 회사는 갈 필요가 없다고까지 말한다.

세계 일주가 목표인 사람에게는 세계 일주가 끝난 다음에 무얼 할 건가를 정하라고, 구체적으로 갈 나라도 정하라고 말한다. 예를 들어 세계 음식 기행, 세계 화장실 기행, 아니면 세계 대문 기행처럼 세계 여행도 꿸 구슬이 있어야 한다며 여행의 구체적 목표를 세우길 권한다. 비록 그 구슬이 옥구슬일지라도 꿰어야 보배가 된다는 사실을 강조하면서.

물론 순수하게 관광만을 위한 세계 여행이라면 상관없겠지만 활발한 경제 활동을 하는 중이라면 관점이 있는 여행은 이후의 삶에 큰 도움을 줄 수 있다. 이처럼 어떤 목적이 있는 세계 여행이라면 외국어와 사진 촬영, 글쓰기 공부도 하라고 당부한다. 콘셉트와 주제를 잘 모으면 그 여행이 무형과 유형의 자산이 되어 줄 것이다.

시장조사를 위해 여행을 떠나려는 사람에게는 제발 서울부터 돌고 떠나라고 당부한다. 세상에 있는 것은 대부분 서울에 있다. 못 찾는 것은 아주 작거나, 응용되어 있거나, 부분적으로 가려져 있기 때문이지 대부분 서울에 다 있다. 그리고 인터넷을 뒤지면 거의 모두 찾을 수 있다. 그럼에도 불구하고 떠나는 것은 또 다른 발견과 좀 더 나은 응용을 위해 원형을 확인하기 위해서다. 무작정 떠나도 되는 여행은 효도관광 정도 아닐까. 창조를 꿈꾸는 여행자는 연습이 필요하다.

순례자의 발견 13

순례자를

순례자의 발견

찾아라

내가 유심히 보는 것 중 하나는 다른 사람들이다.
차이점보다는 공통점을 알고 싶을 때다.

여행에서 자주 접하는 사람들은 대개 관광객이지만 간혹 해외 마케터나 트렌드 조사원 혹은 잡지사 기자를 만날 때도 있다. 그들에게 다가가 명함을 건네면서 인사를 하면 국제적인 네트워크를 얻는 기회를 가질 수 있다.

그들은 내가 알고 있는 지식과 전혀 다른 새로운 것을 가지고 있기도 하고, 질적으로도 탁월한 정보를 가지고 있는 경우도 있다. 이런 사람들을 만나는 건 정말 땡 잡는 일이다.

순례자의 발견 14

안식처를
찾아라

여행자들의 일등 안식처라면 단연코 스타벅스다.
항상 먹던 익숙한 것이 있고 앉아서 쉴 수 있고
무엇보다 화장실을 이용할 수 있기에 스타벅스는 커피숍이 아니라
도심의 정거장이라 할 수 있다. 조금만 과장하면 런던의 스타벅스는
블록마다 하나씩 있는 것 같다.

배가 고플 때 찾는 곳으로는 공원이 있다.
날씨만 좋으면 대부분의 런던 샐러리맨들은
도시락을 들고 나와 공원에서 점심을
해결한다. 관광객이 아닌 진짜 런던 사람
들을 볼 수 있는 장소 중 하나다.

순례자의 발견

나의 첫 번째
마케팅 성지순례
동행기

Notting Hill

editor 김경희

초보 마케터의
런던 탐사
후기

    나도 이력서에 유럽배낭여행을 당당히 적어 넣은 수많은 구직자 중 한 명이었다. 그 이력으로 나의 진취적인 면모와 치밀함, 그리고 위기 대응력까지 모두 보여줄 수 있다고 생각했다. 여행이 체질이라고 믿는 많고 많은 사람 중 한 명이기도 했다. 하지만 시장조사 여행은 예전에 내가 경험했던 그 모든 여행과는 철저히 달랐다. 여행을 좋아하고 여행이라면 무조건 자신 있다 하더라도 마케팅 성지순례를 그저 신나는 일로만 여겼다가는 낭패를 보기 십상이다.

    출발 전부터 종군기자의 마음가짐으로 중무장하고 떠났던 일주일 간의 첫 마케팅 성지순례는 다시 그때를 떠올려 보기만 해도 정신이 바짝 난다. 고된 일정의 연속이었지만 초보 마케터의 어리숙함을 내색할 여유조차 없을 만큼 밀도와 강도가 확실한 시간이었다. 기대했던 낭만의 도시에서의 고품격 여행은 온데간데없이, 출발하는 인천공항에서부터 비행기 안, 숙소, 거리, 시장 할 것 없이 온통 마케터로서 하드 트레이닝을 받고 돌아온 기분이다.

마케팅 순례자로서의 첫 경험이었기에 남몰래 당황했던 나만의 사건, 초보 마케터였기 때문에 볼 수 있었던 나만의 런던, 준비가 덜 된 종군기자였기 때문에 저질렀던 실수들을 여기 기록한다. 추억은 다르게 적힌다지만 나의 첫 시장조사 여행의 추억은 달라도 너무 다르게 기록으로 남을 것 같다.

몸과 마음의 준비가 한참 모자란 상태에서 적응할 시간조차 없이 바로 현장에 투입된 나는, 머리보다 몸이 먼저 반응하는 것을 느꼈다. 끼니마다 의무적으로라도 눈앞에 놓인 모든 음식 소화하기, 다리와 발바닥에 가장 무리가 덜 한 걸음걸이와 보폭 발견하기, 모든 행동에 에너지 소모를 최소화하기 등은 미리 생각해 둔 것이 아니었다. 여행 첫날부터 쉴 수 있는 시간이라고는 식사 시간과 화장실에서의 잠깐, 그리고 백화점이나 지하철역 에스컬레이터 위뿐임을 알아 버렸기 때문에 그동안 사무실에서 잠자고 있던 동물적 감각이 살아난 것이었다.

몸이 먼저 적응한 후에 점차 마음과 머리도 시장조사를 하는 마케터로 변해 갔다. 첫째 날은 편집장을 뒤쫓으며 사진 찍는 일에 온통 신경이 다 가서, 내 몸에서 정상적인 역할을 수행한 것은 셔터를 누르는 오른 손가락뿐이었다. 하지만 날이 지나면서 어깨 너머로 편집장의 십여 년 노하우를 배우고 메모를 훔쳐보면서 조금씩 초보 마케터의 티를 벗어 갔다.

가장 큰 변화라면 첫날 히드로 공항에서 숙소로 이동할 때와 마지막 날 숙소에서 히드로 공항으로 이동할 때의 지하철에서다. 첫날 창밖을 흘끔거리며 낯선 런던의 풍경을 탐닉했다면, 마지막 날에는 나도 모르게 지하철을 타고 내리는 사람들을 관찰하고 있었다. 옷이나 지니고 있는 소품들을 관찰하며 그 사람의 일상을 상상하고, 지하철에 앉아 있는 사람들을 특징별로 분류하고 있었다.

숙련된 마케터인 편집장과 나의 가장 큰 차이는 '보는 눈'이었다. 같은 박물관에 가서도, 같은 갤러리에 있어도, 같은 지하철을 타고 있어도 눈에 보이는 현상 이면의 것들을 포착해내는 힘을 가진 자가 진정 뛰어난 마케터다. 같은 것을 보고 다른 것을 생각해낼 수 있다면 갤러리가 백화점이 되고, 박물관이 시장이 되며, 지하철이 놀이터가 될 수 있다. 어느덧 눈에 '마케터의 눈'이라는 한 층의 프레임이 덧씌워진 뒤부터, 나는 압구정동을 걸으면서도 습관처럼 사람들 사이의 공통점을 찾는, 조금씩 쓸 만한 사냥꾼이 되어 가고 있음을 느꼈다.

마케팅 성지순례를 위한 자신만의 노하우가 충분하지 않다면, 떠나기 전 가장 먼저 해야 할 일은 들뜬 마음을 가라앉히는 것이다. 이런 창조와 발견의 여행에는 알랭드보통의 〈여행의 기술〉이나 무라카미 하루키의 〈먼 북소리〉 같은 책은 전혀 도움이 되지 않는다. (단, 알랭드보통의 이 한마디는 되새겨 볼 만하다. "여행의 위험은 우리가 적절하지 않은 시기에, 즉 제대로 준비가 되지 않은 상태에서 사물을 볼 수도 있다는 것이다. 그렇게 되면 새로운 정보는 꿸 사슬이 없는 목걸이 구슬처럼 쓸모없이 잃어버리기 쉬운 것이 된다." 여기에서 '여행'을 '마케팅 순례'로 바꿔 읽어도 그 의미는 다르지 않다.) 오히려 초보 마케터가 첫 마케팅 성지순례 중 발견한 '여행의 기술'이 당신이 원하는 '멀리서 들려오는 북소리'를 듣는 데 더 유용할지도 모른다.

겉멋과 현실 사이_성지순례 필수품

 가방을 싸기 전이라면, 아니 이미 가방을 쌌더라도 반드시 기억해야 할 말이 있다면, 그것은 '스타일'보다 '실용성'에 집중하라는 것이다. 시장조사는 처음이지만 여행에는 자신 있었던 어린 마케터는 여행자의 마음가짐으로 짐을 쌌다가 출발 당일 공항에 도착하는 순간부터 뭔가 잘못되었음을 느꼈다. 전쟁이라고는 텔레비전으로 본 것이 전부인 종군기자가 출전을 하면서 방송출연을 한다고 착각했던 걸 깨달은 순간의 당황스러움 같은 것…. 다시 런던에 가게 된다면 빈티지 트렌치코트에 스키니진, 그리고 컨버스 하이를 신고 캐리어를 끌고 나타나기보다는, 바람막이 후드 점퍼에 튼튼한 청바지, 그리고 풍부한 쿠션을 제공하는 나이키 에어를 신고 백팩을 메고 등장하리라.

나이키 고어텍스 후드 점퍼

 고어텍스가 비록 해발 수천 미터 이상에서나 빛을 발하는 산악 전문가용 소재라 하더라도, 언제 어떤 비바람이 몰아칠지 모르는 런던에서는 고어텍스 정도는 입어 줘야 여행자가 작으나마 마음의 위안을 얻을 수 있다. 따뜻하고 방수되고 바람도 막아 주는 나이키 고어텍스 점퍼를 입은 편집장이 부러웠던 건 무엇보다 언제 어디서나 간편하게 비를 피할 수 있는 모자 때문이었다. 후드 티셔츠나 점퍼를 챙기지 않아서 임시방

편으로 모자를 하나 사서 썼지만 옷에 달려 있는 모자가 아닌지라 바람이 좀 세게 불라치면 날아가 버려서 모자를 주우러 몇 번이나 도로로 뛰어들어야 했다.

빅토리아 녹스 백팩

양손을 자유롭게 하기 위해 가방은 백팩으로 준비해야 한다. 비가 올 때 카메라까지 넣을 수 있는 큰 사이즈의 방수가 되는 가방이면 더 좋다. 항상 숙소에서 나갈 때보다 들어올 때 짐이 늘어나게 마련이다. 서점에 들러 책을 사거나, 매장이나 박물관, 갤러리 등에서 얻은 자료를 챙기다 보면 작은 가방은 늘 아쉽다. 120년 전통의 맥가이버 칼로 유명한 빅토리아 녹스가 가방까지 만든다는 건 의외였다. 하지만 언제나 앞장서서 가는 편집장 뒤를 분주하게 쫓아다니면서 편집장이 맨 백팩의 빅토리아 녹스 로고를 볼 때마다 왠지 모르게 듬직했다. 그 가방도 맥가이버 칼처럼 섬세한 기능과 멋스러움을 가지고 있는 것 같았다.

지퍼와 포켓의 미학, 안트벨트

점퍼 안의 안트벨트 조끼는 실용성의 백미였다. 평소 누구보다 감성과 감각이 뛰어나다 여겼던 편집장이 이 조끼 하나 때문에 잠시 이성의 극단인 맥가이버처럼 보이기도 했다. 맥가이버 조끼라 불러도 손색이 없는 이 옷의 주머니 안에는 없는 것이 없다. 안주머니에 손만 넣으면 안경닦이부터 손전등, 나침반, 키홀더, 그리고 정말 맥가이버 칼까지 출장용 소품들이 줄줄이 나왔다. 하지만 진짜 더 좋은 건 이 소품들이 아니라 그것을 담아내는 주머니였다. 가방에 넣었다 뺐다 하기에는 번거로운 지하철 노선도나 교통카드, 휴대폰과 지갑, 언제 어디서나 메모를 할 수 있는 작은 수첩과 펜을 모두 넣을 수 있는 크고 많은 주머니는 안트벨트의 가장 큰 장점이다.

다행이라면 다행이었던 건 내가 입고 간 외투에도 큰 주머니가 있었다는 것이고, 불행이었던 건 그 주머니가 하나뿐이었다는 것. 온갖 잡동사니를 넣고 다니느라 양쪽에 무거운 혹을 달고 다니는 것 같았다. 그때마다 외투 안에 저 조끼 하나 입었으면 하는 부러움이 가득했다.

나이키 에어

거의 모든 준비물에서 그랬지만, 운동화는 노련함과 초보의 차이를 극명하게 구분해 주는 결정적 증거물이 되었다. 출발 전 운동화를 신고 오라는 말을 단순히 굽이 낮은 신발로 이해한 게 원인이었다. 출장 내내 가벼운 발걸음으로 앞서 걸어가는 편집장의 나이키 에어가 그렇게 탐이 날

줄 몰랐다. 세계인의 스니커즈라는 컨버스는 런던에서도 인기가 높았지만 마케팅 여행자에게는 부적합 판정을 받아 마땅했다. 운동화의 바닥이 아니라 발바닥과 무릎이 충격 흡수를 모조리 감당해야 했기 때문이다. 덕분에 왼쪽 무릎 인대와 관절에 무리가 가서 2주 동안 정형외과를 드나드는 신세를 면하지 못했다.

디지털 카메라, Canon EOS 1D

어둠 속의 댄서라도 포착해낼 수 있는 고급 기종의 카메라일수록, 광각에서 망원까지 커버가 가능하고 조리개 밝기가 밝은 렌즈일수록 좋다. 하지만 아무리 좋은 카메라라 하더라도 그 기능을 온전히 사용할 수 있는 손에 익은 카메라가 더 낫다. 그렇지만 비록 저렴한 카메라라 하더라도 비가 자주 내리는 런던에서는 생활 방수가 되는 DSLR이 필요하다. 충분한 추가 메모리 카드와 배터리는 필수며, 주머니에 들어가는 콤팩트 카메라도 챙겨 두면 여러 모로 유용하게 쓰인다.

반드시 기억해야 할 것들

oyster card_굴 한 마리 주세요

　런던에 도착해서 가장 먼저 해야 할 일 중 하나는 교통카드를 만드는 것이다. 런던 교통국은 런던의 대중교통 시스템을 정비하면서 2003년부터 오이스터(굴, oyster)라는 전자식 교통카드를 도입했다. 이 카드는 런더너뿐만 아니라 매년 1천 200만 명에 달하는 관광객들에게도 더 저렴하고 편리한 대중교통 서비스를 제공한다.

　여행객들은 이제 종이로 된 트래블 카드 대신 오이스터 카드를 만들어 쓰면 되는데, 사용 기간(1일, 3일, 7일, 1달, 1년)과 존(zone)에 따라 가격이 세분화되어 있다. 런던을 일주일 정도 방문하는 사람이라면 보통 7일 동안 런던의 지하철과 버스, 6존 내에서 기차를 자유롭게 이용할 수 있는 오이스터 카드를 보증금 없이 24.2파운드에 구입하여 쓰는 게 편리하다. 단, 충전식을 구매할 경우 3파운드의 보증금이 필요하고 다 쓴 후에 차액은 보증금과 함께 돌려받을 수 있다. 좀 더 효과적으로 오이스터를 활용하기 위해서 출발 전에 런던 교통국 홈페이지(www.tfl.gov.uk)를 참고하거나, 지하철역에서 티켓 가이드북을 하나 얻어서 검토한 후에 사면 좋다.

　오이스터 카드는 한국의 T-Money와 같은 개념으로 보면 되는데, 느껴지는 감성이 너무 다르다. 교통카드 이름이 '굴'이라니! 사전에서 의미

를 찾아보니 oyster에는 '굴'이라는 뜻 이외에도 '유리한 것, 마음대로 할 수 있는 것'이라는 뜻이 있었다. 그래서 셰익스피어의 〈윈저의 즐거운 아낙네들〉에 나오는 "The world is one's oyster"라는 구절은 무한한 가능성을 의미한다. 영화 〈죽은 시인의 사회〉에서는 키팅 선생님의 감동의 명언 중에 "The world is their oyster"라는 말이 나오는데 이때는 '이 세상은 생각하기에 달려 있다'는 의미다. 이처럼 풍부한 스토리가 있는 네이밍 하나는 브랜드를 완성하는 데 얼마나 많은 영향을 미치는가. (이런 생각까지 하고 있는 나 자신은 또 얼마나 기특한가.)

오이스터 카드가 눈에 띄는 것은 네이밍 센스뿐만이 아니다. 지하철 내부나 시내 곳곳에서 발견되는 오이스터 광고를 보면, 위트가 있다. 디자인과 광고 카피에 미소 짓게 되고 이것들을 가져다 공부하고 싶다는 생각도 든다. 교통카드를 이렇게 사랑스럽게 만들 수 있다니!

오이스터 카드를 낭만적으로 볼 것만은 아니다. 초반에 오이스터 카드에 일었던 비판 중 하나는 시민의 감시 수단으로 쓰일 수 있다는 것이었다. 오래된 것을 좋아하고 변화를 싫어하는 영국인의 특성 때문이기도 하겠지만, 이 카드는 지불수단으로까지 설계되어 있어서 개인정보를 등록해야 한다. 이럴 경우 여권을 제외하고는 특별한 신분증 없이 생활하는 런더너들의 사생활이 감시당할 수 있다는 문제가 발생한다. 언제 어디로 이동해서 무엇을 샀는지 정부 차원에서 관리되는 것이다.

하지만 언제나 가장 전통적이고 효과적인 마케팅 전략은 가격인가 보다. 50퍼센트 이상 저렴한 교통비용을 제공함으로써 영국 정부의 오이스터 카드 유인책은 성공하고 있다.

<Time Out>, 현지 서점 이용하기

출장을 준비하면서 국내에 출간된 런던 관련 서적을 모두 읽은 후 내린 결론이 있다. 바로 현지 서점을 이용하라는 것. 책에서 추천하는 장소들을 마켓, 매장, 백화점, 거리, 명소 등으로 분류해서 엑셀 파일에 정리해 보았다. 그 후에 위치별로 재분류해서 일정을 짰지만 거의 모든 책들에서 추천하는 장소와 이유가 비슷했기 때문에 10여 권의 책을 정리했음에도 막상 리스트에서는 100곳을 넘지 못했다.

국내에 출간된 책은 크게 세 가지로 나눌 수 있다. 첫째는 일반적인 여행 가이드북, 둘째는 정보 전달보다는 저자의 감상과 재해석이 주를 이루는 여행기, 셋째는 현지인의 삶이나 역사적 배경 등을 심도 있게 제공하는 여행과는 관련 없어 보이는 단행본이다. 이 중 세 번째로 분류되는 책들에서 가장 많은 도움을 받았다. 특히, 〈변하지 않아도 좋은 나라, 영국〉과 〈영국의 짧은 역사〉는 여행기에서는 얻을 수 없는 이야기를 들려주어서 눈으로만 보아서는 보이지 않는 것들을 볼 수 있게 해 준 고마운 책들이다.

출발 전에 꼼꼼히 봐 두어야 할 책은 기본적인 여행 가이드북 한 권이면 충분하다. 거기에 영국의 사람과 역사를 알 수 있는 책을 몇 권 더 읽는다면 도움이 된다. 단 거기까지다. 많은 책을 읽는다고 무조건 좋은 건 아니다. 지나치게 국내 서적에 의존할 경우, 무언가 다른 것을 보기 위해 가는 시장조사 여행에서 남들과 같은 것만 보고 돌아오게 될 것이기 때문이다. 현지 서점 이용법을 조금 알고 떠난다면 이런 걱정을 조금 덜 수 있다.

그렇다고 특별한 이용법이 있는 건 아니다. 출발 전 주요 대형 서점의 위치를 파악하면 된다. 시내 곳곳에서 발견되는 워터스톤즈나 보더스, 포일즈와 같은 대형 서점에는 런던 섹션이 따로 마련되어 있다. 그곳에서 목적에 맞는 책을 하나 골라 들면 된다. 사진집이 될 수도 있고, 현지인이 만든 가이드북일 수도 있으며, 영국의 전통적인 레스토랑, 런던의 로컬 마켓, 빈티지, 레트로 등과 같이 하나의 주제로만 엮어 놓은 책도 여럿이다. 관련 업계와 관련된 책을 찾아보는 것도 좋다.

수많은 책 중에서 무엇을 골라야 할지 고민된다면 〈타임 아웃(Time Out)〉을 추천한다. 〈타임 아웃〉은 영국 문화를 한눈에 볼 수 있는, 런더너에게 선택이 아니라 필수로 불리는 주간지다. 런던 근교의 페스티벌, 박물관 등의 행사를 날짜별로 알려줄 뿐 아니라, 식당, 영화, 스포츠, 음악과 책을 소개하고 있다. 〈타임 아웃〉은 도시 가이드 시리즈도 내고 있는데, 공신력 있는 매체가 추천하는 최신 정보라는 점에서 의미와 가치가 있다. <타임 아웃> 선정 레스토랑, 숍, 공연 등이 그 자체로도 홍보 문구가 될 정도다. 여러 가지 가이드 시리즈가 있는데 <Time Out Shortlist London 2008> 한 권 정도는 아마존에서 미리 구입해서 보고 가는 것이 좋다.

<타임 아웃> 가이드 시리즈

Time Out London

Time Out London Eating and Drinking 2008

Time Out Shortlist London 2008

Time Out London for Children, 2007/08

Time Out 1000 Things to Do in London

Time Out London for Londoners: The Ultimate Handbook to Living in the City

Time Out London Shops and Services 2008

Moleskin City Notebook London, 지도 활용하기

낯선 도시에서 어딘가를 찾아가야 한다면 가장 먼저 지도를 찾게 된다. 특히 런던에서 지도는 필수다. 런던은 로마나 파리에 비해 산만한 도시다. 도로 정비가 계획적으로 이루어지지 않았기 때문이다. 지도만으로 목적지를 찾기에는 구글어스를 이용해도 쉽지 않다.

하지만 누군가 말했듯이 여행은 지도가 정확한지 대조하러 가는 것이 아니다. 지나치게 지도에 의존할 필요가 없다. 오히려 런던에서는 지도를 보고 목적지를 찾아가는 것보다 골목골목을 누비며 숨겨져 있는 장소를 발견하는 것이 생산적이다. 그만큼 길이 복잡하고 아직 소개되지 않은 매력적인 장소가 많다. 그리고 목적지 근처의 골목을 구석구석 살피다 보면 어느새 그 목적지에 와 있는 경우가 허다하다.

지도 무용론을 이야기하는 것은 아니다. 현지인들도 지도를 들고 다닌다는 런던에서의 지도 활용법을 말하는 것이다. 제한된 시간 내에 목적지를 찾아야 할 때 가장 좋은 지도는 '몰스킨 시티 노트북'이다. 지금은 국내에서도 쉽게 구할 수 있는 몰스킨은 여행자를 위해 주머니에 쏙 들어갈 만한 사이즈의 수첩을 만들어냈다. 특히 주소 하나만을 가지고 어떤 곳을 찾아갈 때에는 이보다 더 좋을 순 없다는 말이 절로 나온다.

만약 Brompton Road 247번지를 찾아가야 한다면, 몰스킨 시티 노트북의 지도 섹션 마지막 페이지에서 Brompton Road를 찾는다. 그 옆에 9 F8이라는 간단한 암호를 해석하면 되는데, 이것은 9페이지의 F와 8구역을 보라는 의미다. 위치를 확인하고 근처의 명소나 지하철역에 가서 해당 거리를 찾으면 된다. 런던에서는 언제나 건물의 1층과 2층 사이에 그 거리의 이름이 적혀 있기 때문에 지금 어느 거리에 서 있는지는 고개만 들면 확인할 수 있다.

몰스킨 시티 노트북은 런던에서 사면 더 싸기는 하지만 미리 구해서 가는 것이 좋다. 찾는 이가 많은지 어느 서점에 가도 있는 시티 노트북 런던 편은 늘 동이 나 있었기 때문이다. 대신 현지에서는 다음 여행지의 시티 노트북을 사오는 것이 어떨까. 미리 마음의 준비를 하며 잠깐의 설렘도 얻을 수 있을 것이다.

여행자를 위한 기본기 다지기

여왕의 나라의 통화

통화 단위는 파운드(£), 보조통화 단위는 페니(p)로 1파운드는 약 100 펜스다. 쓸 일은 거의 없겠지만, p1은 1페니, p2부터는 펜스라고 한다. 잉글랜드 은행에서 발행하는 동전과 지폐에는 엘리자베스 여왕 2세의 초상이 그려져 있다. 엘리자베스 여왕은 영연방 국가를 포함한 15개국 32개 화폐에 등장하는 가히 화폐의 여왕이라고도 할 수 있다.

재미있는 건 오래전에 발행한 화폐일수록 젊은 여왕의 모습을 볼 수 있다는 것. 1953년 스물일곱 살에 왕위를 승계 받고 55년 동안 네 번에 걸쳐 여왕의 화폐 초상이 바뀌었다. 현재의 화폐에는 1990년 당시의 초상이 인쇄되어 있는데 일부에서 여왕의 실제 모습을 제대로 반영하지 못하고 있다는 비판의 목소리가 일고 있다.

물가와 세금

런던의 물가는 비싸기로 유명하다. 1파운드는 한화로 약 2,000원(2008년 5월 시점)이다. 2파운드까지 동전이라서, 동전을 우습게 보았다가는 만원 쓰기도 순식간이다. 세계에서 가장 비싸다는 지하철 요금은 한 번 이용할 수 있는 싱글 패스가 4파운드, 무려 8,000원에 달한다. 런던 지하철에 소매치기가 없는 것은 비싼 요금 때문이라는 말이 있을 정도다.

　런던의 물가는 외식을 해 보면 실감할 수 있다. 빅맥 세트(3.85파운드)나 스타벅스 카페라떼(2.05파운드) 정도로 영국의 물가를 체감하기에는 부족하다. 한국에서 2만 원 정도면 가능한 외식을 런던에서는 그 두세 배는 줘야 가능하다.

　영수증을 자세히 살펴보다 그 이유를 조금이나마 알 수 있었는데, 영국의 부가세는 우리나라처럼 10퍼센트가 아니라, 17.5퍼센트다. 영국병 퇴치를 외친 대처리즘 덕에 세율이 반 이상 떨어졌다고 하지만, 여전히 이렇게 높은 것을 보면 예전에는 얼마나 많은 세금을 걷었는지 추측이 된다. 2차세계대전 후 애틀리 내각 때는 소득세의 최고 세율이 90퍼센트에 이르렀다고 한다. 고급 레스토랑에서는 팁까지 주어야 하는 경우가 많으니, 대부분 외식을 해야 하는 여행자에게는 교통비와 식비 부담이 클 수밖에 없다. 오이스터 카드를 활용하거나 간편하고 맛있는 캐주얼 레스토랑을 미리 알아서 가는 것도 현명한 방법이다.

날 씨

　런던의 날씨는 악명 높다는 표현만으로는 부족하다. 연평균 기온과 강수량 그래프만 보아서는 그야말로 착한 날씨일 것 같다. 여름과 겨울의 기온차도 크지 않고, 일교차도 커 보이지 않으며, 강수량도 특정 기간에 집중되어 있지 않기 때문이다. 하지만 평균 속에는 늘 탐색할 수 없는 그늘과 함정이 있게 마련. 경험자의 말을 듣지 않고 수치와 데이터에만 의존해서 옷을 챙겼다가는 크게 후회하게 될 것이다.

들쑥날쑥하고 하루에 사계절을 모두 느낄 수 있는 변덕스런 런던 날씨. 옷은 여러 겹 겹쳐 있고, 비바람을 막을 수 있는 후드 점퍼를 챙긴다. 비록 여름이라도 마찬가지다. 최영미 작가가 〈시대의 우울〉에서 말한 대로 "이네들은 우리처럼 겨울과 봄을 달력 넘기듯 기계적으로 구분하지 않는다."

이렇게 변화무쌍한 날씨 덕에 좋은 점도 있다. 여름에도 모기 걱정이 없다. 나무와 잔디가 무성하고 습도가 높음에도 불구하고 런던의 모기들은 태어나자마자 자살한다는 우스갯소리가 있을 정도다. 그래서 혹자는 영국의 여름이 세계에서 가장 아름답다고 말한다.

시차

런던은 우리나라보다 9시간 느리다. 서머타임 기간인 3월 마지막 일요일부터 10월 마지막 일요일까지는 8시간 차이가 난다. 직항으로 가더라도, 비행 시간이 무려 12시간이나 됨에도 불구하고 도착 시간은 서울에서 출발한 시간과 비교해 겨우 3시간 지나 있을 뿐이어서 허무하게 느껴지기도 한다. 인천에서 낮 12시에 비행기에 올라타면 낮 3시에 런던에 도착하고, 그때 서울은 밤 12시인 셈.

시간이 소중한 여행자인 만큼 시차를 고려해 일정을 짜는 것이 좋다. 날씨부터 시차까지 게으름을 피울 수 있는 핑계거리가 많은 도시여서 자칫했다가는 하루를 날려 버리기가 쉽다.

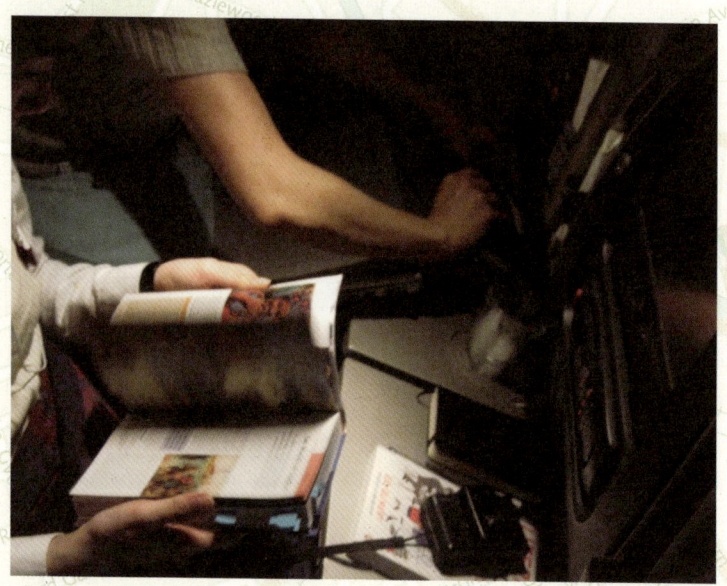

Zone

런던에 처음 가는 사람이라면 '존(zone)'이라는 개념을 머릿속에 넣어 두는 게 좋다. 런던은 중심부부터 외곽까지 여섯 개의 구역(zone)으로 나뉘어 있다. 지하철 요금도 호텔 요금도 집세도 존에 따라 외곽으로 갈수록 저렴해진다.

숙소를 결정하거나 일정을 짤 때 되도록 1~2존 안에서 해결할 수 있으면 좋다. 런던의 중심부라 할 수 있는 1~2존의 호텔 요금은 외곽보다 비싸기는 하지만 대부분 1~2존 내에 명소들이 몰려 있고, 교통 요금 또한 여러 존을 이용할수록 비싸지는 만큼 이동 비용을 생각하면 시내에 머무르는 것이 이익이다.

센트럴이라 불리는 1존에는 주로 관광지를 비롯한 명소들이 집중되어 있다. 3존을 넘어서 외곽으로 갈수록 유색 인종 비율이 높아진다. 템스강을 중심으로 남쪽과 동쪽은 흑인 거주지이기 때문에 위험하고, 서쪽은 백인 거주지이기 때문에 부촌이며 안전하다고 알려져 있지만 반드시 그런 것 같지는 않다.

휴일

시간을 효율적으로 활용하는 것이 관건이다. 일정을 짤 때 방문하고자 하는 곳의 휴관일이나 영업 시간을 챙겨 두어야 한다. 영국의 법정 공휴일은 보통 월요일인데, 1월 1일과 2일, 부활절, 노동절, 크리스마스, 12월 26일은 은행이 쉬는 뱅크 홀리데이다. 또한 부활절이 있는 '금요일부터 다음 월요일까지 4일은 부활절 휴가고, 5월 마지막 주 월요일과 8월 마지막 주 월요일 또한 공휴일이다. 보통은 공휴일에 상점과 은행, 박물관과 대부분의 공공장소가 문을 닫는다. 박물관이나 갤러리는 크리스마스 연휴와 매해 첫 날을 제외하고는 거의 문을 열지만 일일이 확인하는 것이 좋다. 상점은 보통 11시 이후에 문을 열어서 5~7시 정도에 문을 닫는 것이 일반적이다. 우리나라처럼 늦게까지 여는 걸 기대했다가는 헛걸음할 수도 있다. 반면에 대중교통은 거의 24시간 움직이기 때문에 좀 늦게 숙소에 들어가는 것도 가능하다. 지하철은 5시부터 자정까지 운행하고, 나이트 버스가 운행된다.

좌측통행 우측통행(아무리 말해도 지나치지 않은)

영국은 한국과 반대로 자동차가 좌측통행한다는 말은 영국의 날씨를 조심하라는 말처럼 가볍게 듣기 쉽지만, 이 말을 무시했다간 큰 코 다친다. 운전할 일이 없고, 무단횡단이 자연스러운 런던 도로라 하더라도 길을 건널 때 왼쪽을 보는 습관을 잠시 버리는 게 좋다. 실제로도 런던에서 길을 건너다 교통사고를 당하는 관광객이 꽤 많다고 하는데 웃어넘길 일이 아니다.

어디를 봐야 할지 모르겠다면 바닥을 보는 습관을 기르면 된다. 건널목마다 'look right, look left'라고 쓰여 있으니 이 사인을 따르면 된다. 감기에만 걸려도 서러운 타지다. 혹시나 모를 사고에 미리 대비하자.

정치와 영화

영국은 왕권과 의회가 함께 국가를 다스리는 입헌군주제를 따르고 있다. 영국의 왕권은 엘리자베스 여왕 2세에게 있으며, 의회 수장은 2007년부터 노동당의 고든 브라운이 맡고 있다. 엘리자베스 여왕 2세는 오스트레일리아, 뉴질랜드, 캐나다 등 53개 영연방 국가의 여왕이기도 하다. 경쟁자 사이였던 토니 블레어 전 총리와 고든 브라운 사이에 얽힌 일화를 들어보면, "정치인은 권력에 굶주린 인간에 지나지 않는다"는 말이 실감난다.

〈더 퀸〉이라는 영화는 왕실과 의회, 시민 간의 관계를 잘 보여준다. 영국을 이해하기 위한 영화로는 포토벨로를 배경으로 한 〈노팅힐〉이나 런던을 배경으로 펼쳐지는 사랑 이야기인 〈브리짓 존스의 일기〉, 〈러브 액츄얼리〉도 좋고, 〈빌리 엘리어트〉나 〈풀몬티〉, 〈트레인스포팅〉처럼 영국 사회의 이면을 들여다볼 수 있는 영화도 좋지만, 영국인의 정치의식과 시민의식을 들여다볼 수 있는 〈더 퀸〉을 적극 추천한다. 영국인, 런더너를 이해하는 데 도움이 된다.

런더너와 영국인

전형적인 영국인의 상징적 표현인 런더너, 그렇다면 런던에 사는 런더너 비율은 얼마나 될까. 영국인이 대문자로 쓰는 유일한 글자는 '나(I)'라고 한다. 이것은 그들의 민족성을 가장 뚜렷하게 이야기해 주는 것이라고 하는데, 그만큼 이성적이고 합리적이어서 때로는 지나칠 만큼 냉정하다는 평가를 받기도 한다. 영국인의 냉정함과 감정을 억제하는 이런 특성은 '라틴 민족은 뛰고 난 뒤에 생각하고, 독일인은 뛰기 전에 생각하고, 영국인은 뛸 생각도 않고 천천히 걸어가면서 생각한다'는 말로 표현되기도 한다. 그런데 더 이상 진짜 런더너가 누구인가에 대한 질문이 의미가 없어지고 있다. 런던은 그야말로 메트로폴리스가 되어 가고 있기 때문이다.

부록. 나의 첫 번째 마케팅 성지순례 동행기

London Forever

Waterstone's. What's your story?